どんな
質問にも
即対応！

議会
答弁書を
すばやく書く技術

森下　寿 ◆著

Morishita Hisashi

JN039415

学陽書房

はじめに

　議会答弁書は、いわば執行部の公式見解を示すものであり、作成を担当する職員の責任は重大です。もちろん、上司のチェック、答弁調整等を経て確定しますが、初めて書く場合、不安を覚える人は多いのではないでしょうか。また、苦手意識のある人もいるでしょう。

　そこで本書は、議会答弁書の書き方をわかりやすくお伝えします。

　「次の定例会から、答弁書の作成をしてくれ」——。

　役所に入庁して6年目のある日、課長からこう告げられたときのことを今でも鮮明に覚えています。それまで議会答弁に関わったことはなく、また課の中で最年少だったこともあり、とても不安になりました。おそらく、顔もこわばっていたはずです。

　そもそも議会や議員のことを詳しく知りません。また、先輩たちが、課長から「**この質問に対して『検討する』では言いすぎだ**」「**〇〇先生への答弁なのだから、もっと丁寧な表現にしてくれ**」などと指導を受けている姿を見ると、議会答弁書は、通常の起案文書や会議資料の作成とは異なり、一種独特の世界があるように感じざるを得なかったのです。

　その後、先輩や課長の指導もあり、少しずつ議会答弁書を書けるようになっていきました。それから、いくつもの職場を経験し、主任、係長、課長と昇任していくにつれ、数え切れない数の答弁書を作成してきました。部長になってからは、課長たちの答弁書をチェックする立場になりました。25年以上、議会答弁書と向かい合っていることになります。

　こうした経験を振り返ってみれば、確かに、**議会答弁書は職場でマニュアル化しにくく、体系立てて学ぶのが大変な独特の業務**だといえます。

　そこで、本書では、本会議の議会答弁書の書き方について、実際の文例を示しながら、解説することとしました。

本書は、大きく３つの特長を備えています。

１．パーツの組み合わせによる「型」に当てはめた書き方がわかる！

　議会答弁書の文章は、書くのが難しいと思われがちです。しかし、実際には、「結論」「経過」「メリット」「理由」「決意」などのパーツの組み合わせにすぎません。そこで本書は、これまで答弁書を作成した経験のない職員でも、すぐに答弁書を書くことができるように、パーツの組み合わせ方、言いかえれば「型」の組み立て方を解説しています。これらを理解できれば、議会答弁書の作成はそれほど難しくはありません。

　答弁書は、質問通告後、短い時間、タイトなスケジュールで作成しなければならないのが一般的です。この「型」を意識して書くことによって、答弁書をより効率的に、すばやく書くことができるでしょう。

２．賛成・反対をニュアンスも含めて伝える表現の仕方がわかる！

　議会では、議員からさまざまな観点からの質問がなされます。それらに対して、執行部の見解として、賛成の場合もあれば、反対の場合もあります。また、例えば反対だったとしても、「キッパリ反対」と「やんわり反対」とでは、答弁の書き方は異なります。

　そこで本書は、状況に応じた適切なフレーズを使った文例を多数収録。ニュアンスも含めて的確に表現することができます。

３．パターン別の文例を参考に、様々なテーマにアレンジできる！

　本書では、さまざまな答弁の文例について、「提案にハッキリと賛成する答弁」「提案は時期尚早のため、先送りする答弁」など、「パターン別」に紹介しています。実際に書くのは異なるテーマだったとしても、文例を参考にアレンジして対応することができます。

　本書が、少しでも皆さんのお役に立てば幸いです。

森下　寿

第1章

知っておこう！
答弁書作成の超基本

第4章

すばやく書く!
答弁パーツの選び方・組み立て方

〈新庁舎建設〉

第7章

「議員の持論・主張に答えるとき」
の答弁書

本書で紹介する答弁フレーズのポートフォリオ

1 「政策・事業等を提案されたとき」の答弁フレーズ（→第5章）

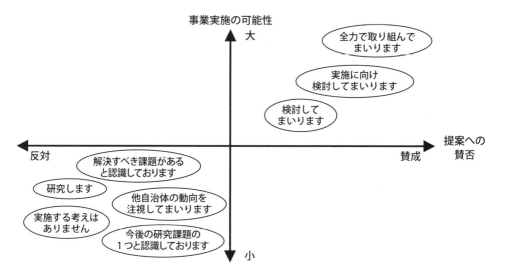

2 「行政の認識を問われたとき」の答弁フレーズ（→第6章）

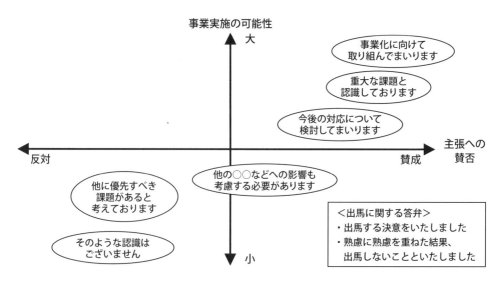

3 「議員の持論・主張に答えるとき」の答弁フレーズ (→第7章)

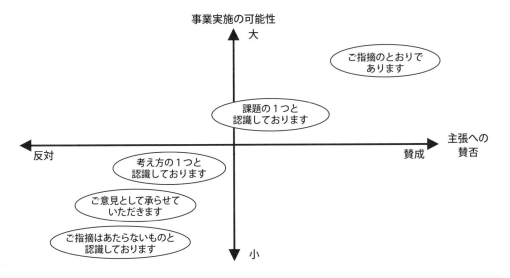

4 「答えにくい再質問をされたとき」の答弁フレーズ (→第8章)

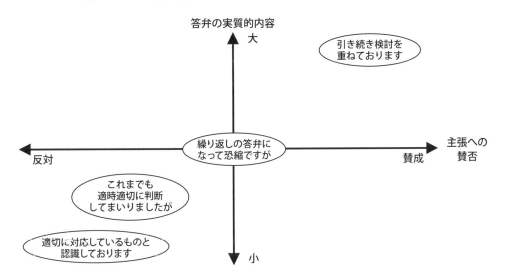

知っておこう!
答弁書作成の超基本

第1章

1

答弁書の作成は
大変だけど、面白い

▶役所の代表として、議員の質問に答える

本会議の答弁書を書くように、上司から依頼された——。それは、公務員生活においては、1つの大きな意味を持っています。

大げさに聞こえるかもしれませんが、それは嘘ではありませんし、言いすぎでもありません。なぜなら、答弁書を書くということは、**「役所の代表として、議員の質問に答える」**ことだからです。いわば、行政としての公式見解に携わることを意味します。

答弁書の作成は、管理職であれば当然行いますが、主任や係長の場合、誰でも任せられるものではありません。

▶答弁書作成の依頼は、期待された証拠

単刀直入に言いますが、答弁書作成を依頼されたということは、上司が皆さんに期待している証拠です。期待していない職員には「役所を代表し、質問に答える」なんてことは、とても任せられないからです。

おそらく上司は、将来、皆さんに管理職になってもらいたいと考えています。そのための準備として、答弁書を書けるようになってほしいと思っているのです。自治体の管理職であれば、委員会答弁はもちろんのこと、本会議の答弁書を作成できなければ、仕事にはなりません。

上司は、「たとえ管理職にならなくても、課長の右腕として信頼される係長にはなってほしい」と思っているはずです。**答弁書の書き方をはじめとして、議会のことを熟知している係長は、組織にとって極めて大事な存在**だからです。答弁書の作成を依頼する背景には、上司のそうした思いがあるのです。

▶答弁書作成の経験は、今後に役立つ

　主任や係長の中には、「期待されても困る」と思う人もいるかもしれません。しかし、答弁書作成の経験は、今後の役所生活でとても役立ちます。それは、議会と議員について知ることができるからです。

　答弁書作成は、単に質問に答えればよいわけではなく、議員からの質問通告や、議員への取材など、様々なプロセスを経ます。こうした議会の仕組みを理解しておくことは、非常に重要です。また、議員の地盤や会派（議会内で理念や政策を共有する議員同士で構成されるグループのこと）などについても知っておく必要があります。今後、どの部署に異動しても、議員と無縁ということはないため、議員の考え方を知っておくと、とても役立ちます。

　質問文を見ながら、「○○議員の考え方は、独特だな」と議員の個性を知ることができたり、「このように議会は意思決定するのだな」と議会の動きが垣間見えたりすると視野も広がります。

▶答弁書を書くコツをつかめば、早く書き上げられる

　ちなみに、他の業務と同様に答弁書を書くことも、コツをつかめばそれほど難しいことではありません。**必要な材料をそろえ、書き方を身につければ、おそらく ChatGPT よりも早く完成するでしょう。**

　これは、誇張ではありません。その自治体の独自のルールや議会答弁独特の言い回しなどを考えると、ChatGPT で作成した答弁書は、多くの修正が必要となってしまう恐れがあるからです。

　なお、この答弁書を書くコツをマニュアルなどにして明文化している自治体は多くありません。口頭で伝えられることがほとんどです。

ワンポイントアドバイス！

答弁書作成を依頼され、「本当に自分にできるだろうか」と不安な人もいるかもしれません。しかし、答弁は1人で作成するのではなく、上司や首脳部も必ず確認します。安心して取り組みましょう。

2 自治体の「公式見解」、議会答弁の意義と意味

▶全庁的視点を持って書く

　そもそも答弁書とは、どのような意義を持つのでしょうか。これから答弁書作成に従事する皆さんには、ぜひこの点は押さえておいてほしいポイントです。

　答弁書は、議員からの質問に答えるものです。質問とは、「議員が、自治体の行政全般について疑問点等を質し、執行機関に問うこと」を言います。この質問に対する答弁は、自治体としての公式見解になります。首長と同様に、**選挙で選ばれた議員への答弁なのですから、住民に対して答えたことと同じこと**になります。そのため、発言には大きな責任が伴います。実施予定もないのに、議員へのリップサービスで「実施を検討します」などと迂闊に答弁することは許されません。

　また、答弁者が首長であれ、部長であれ、「役所を代表して答える」ことになるため、全庁的な視点で考えることが求められます。例えば、災害時要援護者への対応について高齢者部門の職員が答弁を書く場合でも、障害者、乳幼児、外国人なども考慮して書く必要があります。答弁書作成にあたっては、他の関連部署と連携することも多いため、全庁的視点が必須なのです。

▶答弁の内容は、議員の成果になる

　また、答弁書には３つの意味があります。答弁書の与える影響、もしくは答弁書の３つの視点といってもよいかもしれません。この点についても、答弁作成者は理解しておく必要があります。

　第一に、答弁は議員の成果につながるということです。ある議員が質問の中で提案した政策が事業化された場合、議員は自分の功績だと捉え

ます。「私の提案によって、○○事業が実現した」と考え、次の選挙時にアピール材料として使ったり、選挙公報に掲載したりするのです。

　実際には、事前調整もない、急な議員の質問に対して、「実施します」などと答弁することはありません。しかし、既に首長側と十分な調整を行っていたり、首長側から質問を議員に持ちかけていたりする場合には「実施します」と明言する答弁もありえます。

　なお、複数の議員から同様の質問があった場合には、議員の成果との関係もあり、「誰に、どのように答えるのか」が大事になってきます。

▶答弁は住民のためでもあり、職員への意思表示でもある

　第二に、答弁の内容は、住民に反映されるということです。住民の代表である議員の質問に対して答えるわけですから、これは当然です。事業実施の意思表明は、議員だけでなく、住民に対するものでもあります。

　また、野党議員（首長の立場に基本的に反対の立場をとる議員）の政策提案に対して「実施する考えはありません」と答弁したとします。それは、もちろんその議員の質問に対する答弁であるのですが、同時にその議員を支持する団体や支援者に対する意思表明でもあるわけです。このため、**議員個人だけを意識した答弁ではまずいのです**。

　第三に、答弁は、職員に対しての意思表示という側面も持ちます。例えば、先の災害時要援護者への対応について、高齢者部門の職員が答弁を書いたケースです。この場合、高齢者だけでなく、災害時要援護者全般について答弁したのであれば、今後、障害者、乳幼児、外国人等を担当する部署では、その答弁内容に従って事業を行う必要があります。**答弁は首長や幹部職員を含め、執行部の総意であり、「うちの部署では見解が異なるので、従わない」などと言うことは当然できません**。

ワンポイントアドバイス！

間違えやすいのですが、議会では「質問」だけでなく、「質疑」もあります。これは、本会議などの議題となっている案件について、提出者（執行機関）に議員が不明点や疑問点を質すことです。

3

答弁書作成の「ルールと流れ」を知る

▶事前通告制度

　答弁書を作成するにあたっては、作成のルールと流れについて理解しておくことが必要です。

　ルールの1点目としては、まず事前通告制度が挙げられます。

　事前通告制度とは、文字通り、事前に質問内容を議員が通告することです。これは各議会の「会議規則」で定められています。また、「何日前までに提出するか」「通告の内容について、どの程度詳しく書くのか」などの具体的内容については、各議会の申し合わせや内規に記載していることがほとんどです。

　このため、この通告の内容は、「国民健康保険料について」のようなキーワードだけが書かれていることもあります。当然ながら、答弁作成者はこの内容だけでは答弁を書くことはできません。このため、課長が議員に取材して質問内容をまとめたり、議員から詳細な質問内容が提出されたりするのを待たなくてはなりません。

▶議会答弁フレーズ

　ルールの2点目は、議会答弁特有のフレーズがあるということです。

　簡単に言えば、答弁専用の言葉遣いがあり、これに従って答弁書を書く必要があります。詳細は後述しますが、**私たちが普段使用している言葉遣いとは異なる**点は覚えておいてください。

　例えば、議員から、「他市で実施している○○事業を、本市でも実施すべきだと考えるが、市の考えはどうか」という質問があったとします。この質問に対して、「検討します」と答弁した場合、「実施する可能性はあるので、今後その可能性について考えます」といったニュアンスで、

実施に向けてやや前向きであることを意味します。もちろん検討の結果、実施しないこともあるものの、あくまで半々の可能性がある一般的な「検討する」とは少し使い方が異なるのです。このように、議会答弁には言葉の使い方のルールがあります。

▶答弁の文字数

ルールの3点目は、答弁の文字数です。

答弁に要する時間との関係から、答弁書には文字数の上限が定められているのが一般的です。「文字数に関係なく、好きなだけ書いてよい」となってしまったら、いつまで経っても議会は終わりません。

文字数は、各自治体で定められているため、必ず確認しましょう。また、実際に課長から答弁書の作成を依頼された場合には、**「文字数はどの程度ですか」とその都度確認します**。依頼されたのは質問全体の一部にもかかわらず、上限まで書いてしまい、その他の質問に充てる文字数がなくなり、大幅に書き直すことに……といった手戻りを防ぐためです。

▶答弁書作成の流れ

最後に、答弁書作成の流れも確認しておきましょう。

先に述べた事前通告によって、自分の部署に対する質問の有無が判明します。次に、通告内容を確認後、課長による議員への取材などを経て、実際の質問内容を入手します。そして、文字数などを確認して答弁を書き上げます。答弁作成者としては、課長の了承を得れば、業務は終了となります。しかし、課長は、その後に首脳部と答弁の内容について確認することとなります。

ワンポイントアドバイス！

答弁書を作成する担当となったら、事前通告の内容や議会答弁フレーズなどについて、過去の資料などで確認しておくとよいでしょう。実際に答弁を書く段階で確認するのでは、時間のロスです。

4

答弁書作成は時間との勝負

▶作成のスケジュールを把握する

　答弁書作成は、時間との勝負です。事前通告から本会議まで、タイトな時間の中で、やるべきことがたくさんあります。

　答弁作成者としては、質問内容の確認、他部署との調整、答弁書の作成、課長のチェックなどが必要となります。そして、課長もまたその後に、首脳部との答弁の確認、質問した議員への答弁内容の説明（これは実際に質問が行われる本会議前に実施されるのが、一般的です）など、**短時間のうちに一連の工程をすばやくこなさなければならないのです。**

　そのため、答弁書作成にあたっては、しっかりとスケジュールを把握しておくことが求められます。

▶事前通告の締切日時

　では、スケジュールのポイントを説明しましょう。まずは、前項でも述べた事前通告の締切日時です。事前通告については、「本会議当日の7日前の17時までに提出」などと、各議会の申し合わせや内規によって決められています。このため、事前通告の締切日時は必ず確認しておくことが必要です。

　なお、事前通告を提出してよい日時、つまり事前通告の受付開始日時が定められていることもあります。これは、議会事務局などが「この日時から事前通告を受け付けます」というものです。

　例えば、その日時を議会の告示日に設定していることがあります。告示とは、市の場合、地方自治法に基づいて市長が議会を招集することを7日前までに市民に知らせることを言います。正式に議会が開かれることを公に周知する日であるため、この告示日から事前通告を受け付ける

としているケースもあります。

　なお、正式な事前通告の受付開始以前でも、議員が課長に質問内容を相談していることはあります。答弁作成者としては、課長に「次の定例会では、何か質問はありそうですか」と事前に確認しておくことも有益です。

▶答弁書作成期限

　答弁作成者としては、「いつまでに答弁書を作成しなければならないか」についても、当然注意が必要です。課長のOKが出れば、答弁作成者の役割は、基本的に終了となります。このため、課長が「もう一度、修正して」と言うことを前提にスケジュールを考えておくことが必要です。そして、課長自身にも確認し、締切日時の認識を共有しておきましょう。

　なお、課長自身は答弁内容を了承したとしても、首長など首脳部から「これでは不十分なので、○○の方向で修正すること」と言われることもあります。その場合、答弁作成者がもう一度、書き直すことになります。つまり、**必ずしも課長のOKがもらえれば答弁書完成、というわけではないので、注意が必要です。**

　このように首長など首脳部の指示を受けて答弁を修正した場合には、改めて了承を得なければならないため、その締切日時についても確認することが必要です。これらの手続きの詳細は、自治体によって異なりますが、こうした様々な状況に応じたスケジュールを把握しておくことで、迅速に効率よく議会答弁書を作成することができます。

┃ワンポイントアドバイス！

答弁書作成にあたっては、各部署とも同じスケジュールで作業を行っています。このため、他部署との調整が必要な場合は、相手の作業状況などにも配慮する必要があります。

5 最低限押さえておきたい 「議会の仕組み」

▶議会の意義

　答弁書を作成するにあたっては、基本的な議会の仕組みは知っておきたいところです。もちろん、そうしたことを知らなくても答弁書を書くことはできるのですが、最低限の知識だけでも持っておいたほうが、より的確な答弁書をスムーズに作成することができます。そこで、ここでは内容を絞ってお伝えします。

　まずは、議会の意義です。議会の存在意義は、首長の政策をチェックすることにあります。地方自治では二元代表制を採用しており、直接選挙で選ばれた首長と議員の両者が、競い合いながら相互にチェックし合うことで、より良い行政が実現されることが期待されているのです。**一般質問もまた、議会が首長などの執行機関に対して持つ監視機能の１つ**です。

　なお、国は議院内閣制です。内閣のトップである内閣総理大臣は、国会で国会議員の中から指名されます。内閣は国会を母体として成立し、国会からの信頼のもとで行政が運営されているため、地方議会とは意義が異なります。

▶定例会と臨時会

　議場で行われる本会議とは、議員全員で構成される会議のことを指します。この本会議には、定例会と臨時会があります。

　定例会とは、付議事件の有無にかかわらず、定期的に招集される会議です。一方で、臨時会は、必要に応じて、あらかじめ告示された特定の付議事件を審議するために招集される会議です（ただし、緊急を要する事件は告示がなくても審議できます）。

また、議員が行う質問には、一般質問と緊急質問があります。一般質問は、定例会でのみ行われます。緊急質問は、想定していない事態が発生し、その事態が当該自治体で緊急を要する重要事態である場合に、議会の同意を得て行われるものです。定例会・臨時会のいずれでも実施でき、事前通告の必要もありません（実際に行われることは稀です）。

▶一括質問一括回答方式と一問一答方式

質問及び答弁の形式には、2種類があります。

一括質問一括回答方式は、**議員が1回の発言で複数の質問を行い、執行機関側もすべての質問に対しまとめて回答するスタイル**です。一般的に本会議で用いられており、多くは時間に制限を設けています。

一問一答方式は、**議員は1回の発言で1つの質問を行い、執行機関側も同様に、1回の発言で1つの答えを述べるスタイル**です。1回の発言は短いことから、両者が何回も発言を繰り返し、内容を深めていきます。

▶委員会

委員会とは、原則として一部の議員で構成され、本会議で議決された内容を審査する組織です。本会議ですべての審議を行うことは困難なため、議会における審査を合理的・能率的に処理するために委員会が存在します。

委員会には、常任委員会・特別委員会・議会運営委員会の3種類がありますが、いずれも設置は任意であり、設置する場合は条例で定められます。この委員会における議員の質問については、基本的に事前通告制度は採用されていません。このため、**質問と答弁については、「ぶっつけ本番」「ガチンコ」でやり取りが行われることがほとんど**です。

ワンポイントアドバイス！

議会の種類（本会議の開催方法）には、定例会・臨時会形式以外に通年議会形式もあります。これは、議会の会期を1年として、その間は議会の判断で必要に応じて会議を開催できる制度です。

6 「根拠」なくして
議会答弁は書けない

▶大事な過去の答弁

　行政としての考えを表明するにあたっては、「根拠」が必要です。その根拠の探し方を知らずして、答弁書を書くことはできません。

　根拠となる材料には、いろいろなものがありますが、ここでは大きく3つを紹介しておきましょう。

　まずは、過去の答弁です。例えば、「学校給食費の無償化を求める」との質問があったとします。この場合、議会ホームページの会議録で、過去に同様の質問がなかったかを探し、どのような答弁をしているかを確認します（場合によっては、委員会記録も有効です）。

　施策の方向性、つまり答弁の内容に変更がないのであれば、基本的には過去の答弁をそのまま使うことができます。「前例踏襲と批判されるのではないか」と考えてしまうかもしれませんが、前例踏襲で全く問題ありません。なぜなら、**使う用語を少し変えただけでも、議会から「方針を変えたのか」と勘違いされてしまいかねない**からです。行政の継続性を重視すると考えればよいでしょう。

▶法的根拠・行政実例

　また、法的根拠も重要です。例えば、上記の給食費であれば、学校給食法11条に「学校給食費は保護者の負担」である旨が定められているため、これを答弁で引用することも可能です。当然ながら、**議員の質問に対しては論理的に答える必要がある**ため、きちんと根拠法令を明示することは非常に効果的です。自治体の条例や規則などを引用することもあります。

　また、行政実例にもヒントがあります。行政実例とは、自治体が法令

の解釈等に疑問がある場合に、所管省庁に照会して得た回答をまとめたものです。自治体が何かを判断する際の1つの目安であり、答弁書の作成でも参考にできます。

▶国・他自治体の動向

　国の動向にも注意が必要です。例えば、新型コロナウイルス感染症が流行した頃、コンサートなどのイベント会場での収容人数などについては、自治体よりも先に、国から基準が示されました。また、少子化対策など、**特に国が力を入れる施策については、自治体で政策判断するよりも、まずは国の施策に注意しなければなりません。**このような時事問題に関する質問については、国の動向を無視するわけにはいきません。

　同様に、都道府県の動向も注視しておきましょう。**市であれば、県がどのような事業を行うかによって、市の方向性を考える必要があります。**県と同じことを実施すると答弁してしまったら、当該議員だけでなく、議会全体から苦情が出てしまうでしょう。

　近隣自治体の動きもチェックを忘れずに。例えば、かつて「子ども医療費の無償化」が各自治体で行われ始めた頃、いち早くその事業を実施すると名乗りを挙げた自治体がマスコミで取り上げられた一方、実施を決めていない自治体では、住民から「なぜやらないのか」と苦情が多数寄せられました。

　このため、首長などは「隣の市でもやるなら、うちの市でも実施しなくては」と考えることもあるのです。こうした場合には、単に「検討中」ではなく、もう少し積極的な答弁に変更することもあります。

**　ワンポイントアドバイス！**

ヤングケアラーなど、複数の部署にまたがる質問は、過去に他部署で答弁している場合も少なくありません。自分の部署に保管してある会議録だけを過信するのは危険です。

7

答弁書作成＝上司の意図を汲み取る作業

▶上司との連携は欠かせない

　答弁書の作成では、上司との連携が欠かせません。答弁書作成＝上司の意図を汲み取る作業と言ってもよいでしょう。

　上司からすれば、自分とうまく連携ができない部下には、答弁書の作成は依頼しません。仮に、非常に優秀な職員であっても、答弁書に欠かせない与党議員と野党議員の答弁の使い分けや、使うフレーズによる微妙なニュアンスなどを無視して、「自分はこの答弁が良いと思います！」などと主張されては、とても首長をはじめとする首脳部が納得する答弁書を完成させることはできないからです。上司の意向を無視して自分の考えを強く推すような職員は、答弁書作成の担当から外されるでしょう。

　「とにかく上司に従え」ということではありません。答弁書の作成は、**様々なデリケートな事柄に関わる作業のため、複雑な状況や上司の立場を理解できなければ仕事にならない**のです。言い換えれば、答弁作成者はそれを理解できる人なのです。

▶答弁書の方向性について、上司の意図を確認する

　特に皆さんに覚えておいてほしいのは、答弁書を依頼されたら、その都度、答弁書の方向性について上司の意図を確認するということです。

　例えば、空き地となっている市有地があり、そこに公園設置の要望が市民からあったとします。ある定例会で、野党議員から「市民から市有地に公園の設置を求める声があるが、市はどのように考えているのか」との質問があったとします。これに対して、上司に確認すると、「野党議員に対する質問でもあり、まだ何も決まっていないので『検討中』という方向で、答弁書を作成してくれ」との指示がありました。

次の定例会では、与党のベテラン議員から同様の質問がありました。すると、今度は上司から「与党の○○先生からの質問なので、ゼロ回答ではまずい。だから、『前向きに検討する』という感じで答弁を作成してくれ」と一言。このように、前回とは異なる依頼をしてくることは、よくあります。「同じ質問だから、前回と同じ答弁でいいや」とはならないわけです。

仮に同じ質問であっても、「**いつ、誰に、どのように答弁するか**」は、**毎回異なる**ため、答弁書の方向性については、その都度確認する必要があります。このような画一的には判断できない事情や、細かな機微に配慮する難しさがあるために、答弁書作成のマニュアルは作りにくいのです。

▶日頃から上司の行動と言動に注意する

なお、答弁作成者は、日頃から上司の行動と言動に注意しておきましょう。なぜなら、定例会が始まる時期、つまりは「そろそろ、答弁書の作成を依頼されるだろうなあ」という頃に、上司は議員に呼び出されたり、電話で対応したりすることが多くなるからです。

そうした上司の行動・言動に、答弁書作成のヒントがあります。例えば、電話で「○○先生、その点については質問されても、良いお答えはできませんよ」などと、上司が話していることがあります。こうした場合は、質問に対して肯定的な答弁はできないことを示しています。

こうした動向を日頃から把握しておけば、答弁書を作成された際には「これは否定的な答弁ですね」と、上司と認識をすぐに共有できます。

┌ ワンポイントアドバイス！

定例会前の上司の様々な言動から、「おそらく、○○議員から△△に関する質問があるな」と予想することもできます。このため、答弁作成を依頼される前におおよその形を完成させてしまう熟練職員もいます。

8 本会議答弁と委員会答弁は ココが違う

▶本会議の答弁作成者は、委員会答弁を作成することも

本書は、本会議における答弁書の作成を解説するものですが、委員会答弁についても少し触れておきたいと思います。なぜなら、**委員会答弁を知ることで、本会議答弁の特徴がより明確になる**からです。

また、本会議の答弁書の作成を依頼されたということは、委員会での答弁についても何かしらの依頼をされる可能性があります。

本章 **5** （P.23）でも少し触れましたが、基本的に委員会での質問は事前通告がなく、質問と答弁については、「ぶっつけ本番」「ガチンコ」でやり取りが行われることがほとんどです。

このため、答弁書を作成することはないように思えるかもしれませんが、必ずしもそうとは言えないのです。例えば、予算委員会や決算委員会などにおける総括質問などの重要な場面では、本会議質問と同様の質問と答弁がなされることがあります。

また、「本課が担当する施設で事故が発生し、市民がケガをした」などのような場合には、様々な質問が上司である課長に飛んできます。そんなときに、「このような質問をするから」と、**議員から事前に質問の要旨を簡潔にまとめたメモなどが渡されることもある**のです。

こうしたケースでは、上司から「この質問の答弁を作成しておいて」と頼まれることもあるのです。このため、答弁作成者としては出番があることを見据えておいたほうがよいでしょう。

▶一問一答形式なので簡潔な答弁が求められる

さて、委員会答弁の最大の特徴は、本会議答弁とは異なり、簡潔な答弁が求められることです。これは、委員会が一問一答方式でやり取りさ

れるからです。

　本会議では、答弁の時間が定められているため、基本的に答弁の文字数も制限されます。しかし、委員会答弁では制限がありません。言い換えれば、本会議では「質問に対して答える内容がほとんどないので、過去の経緯などに言及して、文字数を埋めなくては」という事態もときに起こりえますが、委員会答弁ではそうしたことがありません。

　反対に、結論を述べずに、ダラダラと答弁をしていると、議員から「さっさと結論を言え」と野次が出てしまいます。

▶委員会答弁には首脳部のチェックがない

　また、委員会答弁は、「ぶっつけ本番」「ガチンコ」でのやり取りゆえに、課長の力量が問われると言ってもよいでしょう。

　本会議答弁については、これまで述べたように、実際に本会議で答弁がされる前に首長などの首脳部のチェックを受けることになります。しかし、委員会答弁ではそれがありません。課長が自分で考え、自分で答弁するわけです。つまり、アドリブが求められます。

　このため、課長は、本会議答弁よりも委員会答弁のほうが緊張を強いられます。**事前通告もなく急に質問がされて、すぐに考えて答えなくてはならないのです。**しかも、その答弁を、首長をはじめとした首脳部もその場で聞いているのです。課長にとっては試験を受けているような場面といっても間違いではないでしょう。

　答弁作成者としては、そのような課長の置かれた状況を察して、必要なメモを作ったり、想定問答集を作成したりと、**委員会答弁についても何らかのサポートをする**ことが望まれます。

> ■ ワンポイントアドバイス！
>
> **課長の議会対応という視点で考えると、本会議よりも委員会のウエイトが大きくなります。それだけ、課長は委員会に気を遣うため、答弁作成者としては課長の委員会対応にも配慮したいところです。**

第2章

初めてでも安心！
答弁書の作成手順

1 質問の真意・核心を把握する

▶質問の内容を見極める

　当然のことですが、議員の質問に対して答弁書を作成することが、答弁作成者の役割です。しかし、まだ慣れていないと、質問の真意・核心をきちんと把握できていないことがあるので、注意が必要です。

　例えば、「光熱費の急騰によって、市民生活は非常に厳しくなっています。このことを、市はどのように考えているのでしょうか。一刻も早く、市民への光熱費の補助を市独自で行うべきと考えますが、市の見解をお伺いします」という質問があったとします。

　この場合、「市民生活が非常に厳しい状況について、市はどのように考えているのか」という「市の認識」を問われているように思えますが、実はそうではありません。**大事なことは「市独自の補助を行うのか」にあります**。これは、質問の最後にその問いかけがあることからも理解できます。

　このように、「質問の真意は何か」を見極めることは、とても大事です。先のように、**質問のように見えて、実は本当に質問したい内容の前置きにすぎない場合もよくあります**。前置きに答えても、議員から「そこは聞いてないよ」と言われてしまうことがあるのです。

　一方、首長などの執行機関が最も恐れることの1つに、「答弁漏れ」があります。つまり、議員の質問に対して答えていないということです。本会議の答弁では、課長、部長、首長など多くの人がチェックするため、「答弁漏れ」は少ないのですが、委員会ではしばしば起こります。すると、「答弁漏れだ！」「説明していないぞ！」と議員から叱責の声が飛ぶのです。

▶質問の奥にある議員の意図を意識する

　先の例でいえば「市の認識」については、答えなくてよいかといえば、必ずしもそうはいえません。なぜなら、質問した議員が、「提案した内容の賛否だけではなく、市の認識もきちんと示してほしい」と考えている場合もあるからです。ただし、**前置きに答えを求めているかどうかを質問文から読み取ることは困難なため、実際には課長から議員に直接問い合わせてもらうことも必要**かもしれません。

　このように、質問の奥にある議員の意図を意識することは、答弁作成者としては心得ておくべきことの1つです。

　例えば、「○○市で実施している△△事業を、本市で実施したらどうか」という質問は、ただ実施の可能性を純粋に聞いているだけと読めます。しかし、実際には議員としては推進したいという意向があることがあります。そうした場合、意向を配慮して前向きな内容にすることもありえます。こうしたときも、課長に議員の意向を確認してもらう必要は出てきます。

▶究極的には一問一答で表現する

　皆さんも、「市議会だより」のような広報紙を見たことがあると思うのですが、そこには質問と答弁がそれぞれ一文程度でまとめられていることがあります。

　質問と答弁を要約すれば、究極的には一問一答で記述できます。議員の立場から考えても、最も大事なことは、「自分の質問への答え」ですので、質問をきちんと把握することは大前提です。

ワンポイントアドバイス！

「○○は△△ではないですか」など、疑問調の質問文を多用する議員もいます。しかし、それは質問ではなく、単なる呼びかけや同調を求めているだけで、本当の質問ではないこともあります。

質問者の所属会派を確認する

▶「誰が質問したか」で答弁は変わる

答弁書作成の難しさの1つに、「誰が質問したかによって、答弁内容を変えなくてはならない」ということがあります。つまり、**同じ質問だからといって、そのまま同じ答弁を書けばよいわけではないのです。**

これは、例えば「すべての市民に防災グッズを配布すべきだ」との質問について、A議員が質問した場合は「実施します」と言い、B議員が質問した場合には「実施しません」と、異なる答弁をするという意味ではありません。

この質問の場合、例えば、A議員が与党のベテラン議員であれば、前向きで積極的な答弁にします。しかしB議員が野党の新人議員であれば、単に「検討します」と淡々と述べるにとどめる、といった感じです。

「質問者によって、同じ内容の答弁であっても、表現やニュアンスを変える」と理解してもらえばよいでしょう。なぜ、そのようことをするのかといえば、これは首長との協力関係の濃淡や、議員の立場や経験年数などが影響するからです。

▶会派と首長との関係

まず考えなければいけないことは、議員が所属する会派です。会派とは、議会内で理念や政策を共有する議員同士で構成されるグループのことです。どこの会派にも属さず、個人で活動する議員もいますが、その場合は「一人会派」と呼ぶこともあります（このため、本書では、すべての議員が必ずどこかの会派に属しているとします）。

この会派は、基本的に与党と野党の2種類に区分できます。与党とは、首長の立場に基本的に賛同する会派、野党は首長に反対の立場をとる会

派です。議員はすべて住民から選ばれた代表なのですが、首長に賛成してくれているのか、反対しているのかで、答弁の内容は異なるのが現実です。**基本的には、与党であれば前向きに答弁し、野党であればその反対となります。**

なお、少し細かいのですが、同じ与党であっても、首長の出身政党との関係で若干立場が異なります。首長は、一般的に無所属であることがほとんどです。これは、特定の政党に属していると、その政党をよく思わない住民の支持を得られない場合があるためです。このため、首長選挙に立候補する際には、それまで属していた政党を抜けて、無所属として立候補するのが通例です。

会派の視点で考えれば、同じ与党でも会派単位での首長との近さを考慮する必要があります。**首長の出身政党に最も近い会派が大きな影響力を持つため、答弁も他の会派よりも重きを置いて考えるのが基本**です。なお、一人会派の場合は、基本的には野党と考えてよいでしょう。

▶会派と政党との関係

会派と国政における政党との関係についても、説明しておきましょう。会派と政党は、必ず一致しているわけではありません。もちろん、一致しているケースもあり、政党の主張がそのままある会派の質問になる場合もあります。

なお、会派の人数が多ければ多いほど、議会内の役職や質問回数などで有利になります。このため、所属する政党は異なっていても、考え方の近い議員で同じ会派を構成する場合があります。こうした場合、同じ会派の議員同士であっても、質問の内容に違いがあることもあります。

◀ワンポイントアドバイス！▶

会派の考え方は、議会広報紙やホームページなどで確認できます。ただ、所属政党が異なる議員で構成された会派では、必ずしも会派の考えが、所属議員全員に徹底されていないこともあります。

3

質問者の役職・立場・属性等をつかむ

▶議員の役職を踏まえる

　本会議で行われる一般質問の中には、代表質問と呼ばれるものがあります。文字通り、ある議員が「会派を代表して」質問を行うもので、会派のトップである幹事長やベテラン議員が担当するのが一般的です。

　この代表質問の答弁については、質問する議員個人への答弁というよりも、その議員の所属する会派からの質問に対する答弁という意味合いが強くなります。このため、特に与党最大会派である代表質問に対しては、内容はもちろんのこと、言葉遣いや表現などにも注意が払われます。

　特に配慮が必要なのは、会派の代表ですが、そうでない場合も議員がどの役職に就いているのかは、しっかりと把握しておきましょう。

　議員の役職には、「**議会内の役職**」と「**会派内の役職**」の２つがあります。議会内の役職には正副議長、各委員会の正副委員長、監査委員、議会広報委員などがあります。会派内の役職には、正副幹事長、政調会長、会計などがあります。名称は必ずしも統一したものではありません。

　なお、議会内・会派内の役職とも、通常は１年ごとに代わります。法的には１年で代わる必要はないものの、役職を独占せず、多くの議員に割り振るため、議長改選と同時に変更するのが一般的です。

▶期数（議員歴）にも注意する

　また、期数（議員歴・議員経験年数）も注意です。議員の任期は１期４年ですので、それを何期務めているのかです。

　やはりベテラン議員に対しては、基本的に丁寧な答弁をすることとなり、新人議員の質問に対する答弁と異なることは、理解できると思います。こうしたことをよく理解していない新人管理職が、委員会でのベテ

ラン議員の質問に対して、けんもほろろな答弁をしてしまい、議会の控室で怒られた、といった失敗談は、管理職の中では「あるある」として共有されています。

▶議員の地盤や肩書

　答弁を書く際には、議員の地盤も押さえておきましょう。**議員が自分の地盤に関する質問をする場合、ほとんどが地盤である地域住民の要望に直結しています。**このため、議員個人の質問への答弁というよりも、地域住民への答弁という意味合いが強くなります。

　例えば、ある地域に関する質問に対して、たまたまその質問を行った議員が野党だったために、つれない答弁を書き、そのことが火種となって地域住民が行政への対決姿勢を強めてしまったなどということもあります。第1章でも述べましたが、**答弁を書く際には、議員個人だけを考えるのでなく、その後ろに必ず住民がいることを忘れないでください。**

　さらに、議員が「バドミントン連盟会長」などの肩書を持っている際にも配慮が求められます。連盟のメンバーから頼まれて、「市内の体育施設の拡充をすべき」のような質問をする場合があるのです。

　ちなみに、質問全般について言えることですが、質問の内容は必ずしも議員個人の考えとは限りません。「会派から言われているから」あるいは「町会長に頼まれているから」質問する場合も少なくないのです。こうした背景がわかってくると、各議員の質問傾向なども見えてきます。

ワンポイントアドバイス！

　答弁作成者は、議員の名前や所属会派を覚える必要があります。議会広報紙やホームページには名前・所属会派・期数・顔写真などがまとめられた資料があるので、早めに入手しましょう。

4 同じ質問がある場合、答弁の順番と内容に注意する

▶異なる議員から同じ質問がされる

　同じ定例会の一般質問の場面で、異なる議員から同じ質問がされるということがあります。これは、時事問題に関する質問で、よく起こる現象です。

　例えば、「施設で事故が発生し、住民にケガ人が出た」とします。そうすると、事故の概要、経緯、原因、他施設での事故の可能性、職員の管理体制、責任問題、再発防止策など、様々なことが問題となります。議員にとっては、こうした質問をすることは、執行機関のチェック機関である議会の本来の機能を果たすだけでなく、住民へのアピールや、首長の責任追及につながる場合もあるため、質問の材料としてはうってつけなのです。

　これは、事件・事故に限りません。国会で揉めているような重要な法改正や、大きな被害が発生した大地震や風水害の場合でも同様です。必ずしも、その自治体特有の問題でなくても、**「現在、多くの住民が関心を持っているタイムリーな話題」**であれば、同じような質問が出やすいと言えるでしょう。

　そのため、会派を問わず、複数の異なる議員による似たような質問が、何回も繰り返される事態が起こるのです。

▶最初の答弁が最も大事

　こうした際に、「同じ質問だから、同じ答弁でいいや」と考えてしまいがちなのですが、与党か野党か、ベテランか若手かなどとも併せて、「誰が、どの順番で質問するか」がポイントになってきます。

　大事なことは、**「最初の答弁は与党議員に対して行い、大事な内容は**

その答弁に含める」ということです。

　なぜ最初の答弁は与党議員にするかといえば、これはその問題について初めて議会で意思を表明するからです。もちろん、本会議の冒頭に、首長が所信表明や議会招集挨拶の中で、その問題に触れることはあります。しかし、議会から追及され、質問に答えるということは初めてになります。

　また、所信表明などでは、ある意味では都合の良い部分しか触れず、行政として言いたくないことは、触れないことが一般的です。そのために、議員の質問によって初めて表明しなければいけないということも出てくるのです。このため、最初の答弁は極めて重要なのです。

▶議員に質問を依頼することもある

　「そもそも質問するかどうかは、議員の判断なのだから、そのように与党議員が最初に答弁するとは限らない」と思った方もいるでしょう。

　確かにその通りなのですが、場合によっては行政側が与党議員に質問をお願いすることもあります。つまり、**わざと最初に与党議員が質問するように「質問を仕込む」**わけです。

　このあたりの事情については、課長は詳しく説明してくれないかもしれません。なぜなら、本来は議員が考えて行うべき質問を、「この質問をしてください」と議員に頼むわけですから、とても公にできる話ではありません。しかし、実際にこうしたことは行われていますので、答弁作成者としては知っておきたい知識の1つです。

ワンポイントアドバイス！

　たまたま最初に質問するのが野党議員になってしまうこともあります。そうした場合、当該議員には必要最小限しか答えず、後の与党議員の質問の際に、丁寧に答弁する場合もあります。

他部署との協議・連携の必要性を確認する

▶質問の押し付け合い

　実際に少しでも答弁を書いたことがある職員であれば理解してもらえると思うのですが、答弁を書くにあたって、他部署との協議・連携は必須です。

　例えば、「未就学児の防災意識の向上について」という質問があったとします。小学校就学前の子どもたちの防災意識をいかに高めるのかという内容です。こうした事前通告があった場合、だいたい関係部署で揉めます。この例であれば、保育園担当部署か、幼稚園担当部署か、それともそれ以外かと議論になり、関係課長の間で「質問の押し付け合い」が始まることになります。そして、最終的には、責任を持って書く担当部署が決まります。

　もちろん、保育園担当と幼稚園担当がそれぞれ100字ずつ書く場合もあるのですが、1つの答弁としてはまとまりが必要です。**厳密に字数で区分してしまうと、かえって日本語としておかしな答弁になりかねない**のです（もちろん、先のように文字数を明確にして分担しても問題ない場合もあります）。

　そこで、多くの場合、「この答弁は、保育課が書く」など、特定の部署が責任を持って書くこととなります。

▶他部署と連携しないと答弁はできない

　上記の例では、保育課の答弁作成者は、保育園の防災訓練の実施状況などについては答弁を書くことはできますが、幼稚園在園児や在宅で過ごしている未就学児の対策については、答弁を書くことはできません。このため、幼稚園を所管する部署から情報を得て、答弁を書かざるを得

ないのです。

　こうした事情があるために、答弁作成者は「自分の課の事業だけを理解しておけばよい」ということでは困るのです。他部署との協議・連携の必要性を十分認識しておく必要があるのです。

▶質問入手後、複数の部署にまたがる内容だとわかることも

　ちなみに、先程のようなケースでは、あらかじめ複数の部署に跨がる問題であるということが、事前通告などで判明します。しかし、そうでないケースもあります。

　例えば、「協働のまちづくり」との事前通告があったため、協働担当の部署で答弁を書くこととなったとします。しかし、実際に質問文が手渡され、詳しくその内容を見てみると、複数ある質問の1つに総務課が所管する大学との連携協定の内容が含まれていました。

　このような場合、質問文を入手した段階で、協働担当は総務課に行き、「この大学との連携協定の内容の質問部分については、総務課で答弁を作成してほしい」と伝えなければなりません。

　このとき、協働担当の職員が、大学との連携協定は所管外にもかかわらず、「この内容もこちらで書いてしまって構わないのだな」と、安易に判断して答弁を書いてしまったら、後で問題になってしまいます（一般的には、所管の課長が答弁をチェックするので、そうした事態が発生することは、まずありませんが）。

　こうしたことを考慮すると、答弁作成者としては、「**この質問の内容で、他部署に関連することはないか**」**と見抜く力が必要**となります。また、他部署の職員に気持ちよく協力してもらえるように、日頃から良好な関係を築いておくことも求められます。

　　ワンポイントアドバイス！

　質問する議員からすれば、質問内容の所管部署や、答弁作成の担当部署がどこなのかは、問題ではありません。ただ質問に対してきちんと答弁されていないと、「答弁漏れだ！」と厳しく追及してきます。

6

答弁の結論を決める

▶答弁の結論は、シンプルになる

　本章 **1** （P.33）でも触れたように、質問と答弁は、究極的には一問一答で表現することができます。

　非常にざっくりとした言い方をすれば、例えば議員からの提案であれば、①賛成、②反対、③今後検討する、などに区分することができます。また、「現在の市民生活に対する認識」であれば、①厳しい、②改善している、③悪化している、などが考えられます。

　さらに、「これまでに県と協議を行ったことはあるのか」などの二者択一の質問であれば、①はい、②いいえ、しかありません。このように、質問に対する答弁の結論は、基本的にはとてもシンプルです。

▶結論は、自分で判断できないこともある

　まずはこの答弁の結論を決めることが何より大切です。答弁作成者としては、結論を決めなければ、答弁書を書き始めることはできません。

　もし、少しでも迷うようであれば、早々に答弁の結論について、課長と認識を共有しておきましょう。なぜなら、「この質問に対する結論は、これだ！」と勝手に思い込んでしまい、それが課長の思いと全く異なっていたら、せっかく長文の答弁案を作成したとしても、「このような内容では困る」と課長に一刀両断されてしまうからです。

　これは、本当に時間のムダになってしまいます。ただでさえ、答弁作成は時間との戦いですので、こうしたムダは極力排除しなければなりません。

　また、答弁作成者である主任や係長では、答弁の結論をどのようにしたらよいのか、全く見当がつかない場合もあります。これは、主任や係

長の知識や能力の問題ではなく、情報量の差が大きいでしょう。

　例えば、主任や係長は、現在の事業の内容や実務には詳しいものの、今後の事業の方向性を決めるのは管理職です。このため、「**今後の○○事業のあり方**」などを問われた場合、主任や係長ではなかなか結論を考えるのが難しいのです。

　場合によっては、首長が課長に「今後、○○事業については縮小し、いずれは廃止するように」と内々に伝えられていることもあります。そうすると、現在は積極的に取り組んでいる事業であっても、今後もそのように積極的に行っていくとは答弁できず、少しトーンを抑えた内容にせざるを得ないのです。こうした点については、課長でないとわからず、主任や係長で判断することは難しいでしょう。

▶「答弁するタイミング」にも注意が必要

　答弁するということは、公に住民に対して知らせることを意味します。このため、「答弁するタイミング」も極めて重要になります。

　例えば、既に庁内では廃止が決まっている施設があるものの、それを公表するのは新年度になってからということがあります。このような場合、議員が当該施設について質問をしたからといって、「廃止します」とは答弁できません。「今後の施設の方向性については、検討中です」などのような答弁にならざるを得ません。このように、「庁内の結論」とは別に、「答弁の結論」を考えなくてはいけないのです。

　いずれにしても、この答弁の結論が決まらないことには、答弁を書き始めることはできませんので、質問を見たら、まずは「答弁の結論」を決めることが重要です。

ワンポイントアドバイス！

正確さを重視しすぎると、「Aの場合は1で、Bの場合は2です。いずれでもないCの場合は〜」などの表現になってしまいます。しかし、これでは議員に伝わりません。明快な結論が求められます。

7

答弁に使う材料を確保する

▶答弁書作成に使える材料

　第1章 **6** （P.24）で答弁の資料の探し方、具体的には「過去の答弁」「法的根拠・行政実例」「国・他自治体の動向」について説明しましたが、ここではもう少し具体的な質問内容を想定して、答弁でよく用いられる具体的な材料について説明したいと思います。

　まずは、**統計資料、客観的データや数値**などです。事業に対する質問であれば、事業の申請者やイベントの参加者などの人数、手続きの処理件数などが挙げられます。こうした数値は、事業の実績を示す極めて重要な証拠になりますし、客観的な内容なので説得力もあります。

　また、**事業に関する住民意識調査やモニター調査の結果**などもあります。例えば、どの自治体でも「○○市世論調査」を実施したり、「市政モニター」を募集したりしています。こうしたものを利用して、例えば、「市民が市に最も期待していることは防災対策である」といった内容を見つけることができます。また、「モニターの8割以上が、もっと公園を増やしてほしいと回答」などもあります。こちらも数値として示すことができます。

　さらに、**予算額・決算額・収入率・執行率**なども役立ちます。例えば、予算額に対する決算額の割合を占める執行率が高ければ、それだけ需要が高いと言うことができます。また、年々予算額が減少していれば、その反対であるとも言えます。

▶国や県などから発出された通知や文書

　第1章で触れた法的根拠（法律、条例、規則、要綱など）の他にも、国や県などからは**様々な通知やガイドラン**が出されています。こうした

点も重要です。

　例えば、新型コロナウイルス感染症が流行した頃、毎日のように各種の通知が国から出されていました。自治体は、基本的にこうした通知に従って行政運営を行うため、「国からの通知によりますと」など、内容を引用して答弁に用いることはよくあります。

　また、ガイドラインも重要です。国や県などが作成するガイドラインは、文字通りガイドライン（指針、指標）なのですが、基礎自治体からすれば、実質的には法令や規則と変わらない拘束力を持つ場合がよくあります。このため、ガイドラインに書いてある内容も、答弁の材料として活用することができます。

　さらに、**国が発行する白書などの公式文書**も重要です。白書であれば、先に挙げた様々な統計資料などが記載されています。また、毎月発表される月例経済報告のような、国としての正式な見解を示す文書を引用することも効果的です。

▶質問に関する様々な報道や意見

　質問に関する様々な報道や意見も答弁の材料になります。具体的には、**マスコミ報道、学者・研究者の意見や見解、住民の声**（モニター意見、メールなども含む）などがあります。

　答弁の中には、「新聞報道によりますと」や「○○大学の△△教授の研究では」のようなフレーズで内容を引用することもあります。また、「イベント当日には、多くの来場者から『参加してよかった』との感想をいただきました」などと答弁に用いることがあります。

┌─**ワンポイントアドバイス！**─────────────────┐

統計資料等の数値を用いる場合、単に実績値だけでなく、前年比、増加率、クロス分析（複数のデータの関連性を見る）などを用いる方法もあります。数字の「見せ方」も、腕の見せどころです。

└──────────────────────────────┘

説明に使うパーツ・順番・フレーズを考える

▶答弁で使用する定番のパーツがある

　全国各地の議会では、様々な質問と答弁が日々行われていますが、質問のパターンがいくつかに分類できるのと同様に、答弁のパターンもいくつかに分類できます。そして、詳しくは第4章で解説しますが、答弁はいくつかのパーツによって構成されています。このことを知っておけば、答弁を書くことがそれほど難しいと感じなくなります。

　質問に答えるためのパーツ、それは、例えば提案に対して実施困難な理由を説明したり、デメリットを指摘したりすることです。また、事件事故であれば、経過を説明したり、再発防止の決意表明をしたりします。

　このように、**使うパーツは質問と同様にパターン化できます**。このため、それらのパーツを組み合わせれば答弁は完成するわけです。

▶答弁は説明の順番も大事

　また、そのパーツをどのように並べるのかも同時に考えなくてはいけません。これは、基本的には「論理的に答える」ことがポイントになります。

　例えば、議員から政策提案があったとします。**一般的には、最初に結論を述べます。その後で、理由や提案実施によるメリットやデメリットの具体例などを挙げ、最後にもう一度結論を述べて締め括る型は、よくある答弁のパターンです。**

　これは、プレゼンテーションや面接、また文章の書き方などでもよく紹介される PREP（プレップ）法ともいえます。結論（Point）、理由（Reason）、具体例（Example）、結論（Point）の頭文字をとったのが PREP です。伝えたい情報を、相手にわかりやすく効果的に伝えるため

の論理的な話し方や書き方の手法です。

　しかし、**いつもこの結論ファーストでよいかと言えば、必ずしもそうではありません。**例えば、与党のベテラン議員の政策提案であれば、答弁冒頭に「できません」と否定してしまうのは、角が立ちます。

　そのため、まずは経過説明、提案実施によるデメリットや課題など、簡単に言えば「できない理由」を、これでもかというくらいに書き並べて、最後にようやく「できません」とそっと添えるのです。

　このことからもご理解いただけると思うのですが、「質問の内容さえわかれば、答弁が書ける」わけではありません。まして ChatGPT に答弁を書かせたら、いくら内容が正確であっても、先のベテラン議員の逆鱗に触れるなどの事態を招いてしまう恐れがあるのです。答弁作成者としては、こうした点を理解しておくことは、とても大事です。

▶答弁専用フレーズは必ず覚える

　皆さんもご存じの「お役所言葉」は、「日本の行政で用いられる公文書、法律、条例などに特有の表現スタイルで書かれた文章を批判的な意味で捉えたもの」を意味します。役人が住民に何か説明する際には、正確を期するために、どうしても言葉が難しくなってしまいがちです。これは、条例などの規定があるために、やむを得ない面があります。

　議会答弁にもまた、世間一般で使用される使い方とは異なる、専用のフレーズがあります。例えば、「検討します」と「研究します」では意味が異なります。前者は、いずれ検討の結果を述べる必要がありますが、後者にはそれはありません。このように答弁専用のフレーズを使うことが必要となります。このフレーズについては、第5章以降で文例と併せて紹介するほか、巻末資料として一覧にまとめています。

> **ワンポイントアドバイス！**
>
> **答弁作成に慣れてくると、議員の名前と質問の内容がわかれば、自然とパーツ・順番・フレーズが頭に浮かんでくるようになります。つまり、答弁をパターン化でき、すぐに作れるようになるのです。**

第3章

ココを押さえる!
答弁書作成の
チェックポイント

これまでに同趣旨の質問はあったか

▶過去の答弁との整合性・継続性

　本章では、実際に答弁を書くにあたって、注意するポイントについて解説していきます。

　まず、「これまでに同趣旨の質問はあったのか」です。答弁を書くにあたっては過去の答弁との整合性・継続性が極めて重要です。必ず一言一句同じ内容を書かなくてはいけないという意味ではありません。**答弁の方向性やニュアンスに変更があるのか、もしくはないのかということが大事**なのです。

　同趣旨の質問をしているのに、説明が異なっていたり、「検討します」から「研究します」に使うフレーズが変わっていたりすれば、行政の認識や方向性に変化があったと議員は判断します。そうすると、「なぜ、変更したのか」との質問につながり、行政としてはその質問にも答えなくてはいけなくなるのです。このため、フレーズ1つであっても、おろそかに考えてはいけません。

▶議会のホームページで調べる

　過去に同趣旨の質問はあったのかを確認することは、とても大事です。しかし、これを調べるのは、結構手間がかかります。そこで、調べ方について簡単に整理しておきたいと思います。

　まず、議会のホームページがあります。議会のホームページには「会議録の閲覧と検索」が置かれているのが一般的です（名称はそれぞれ異なります）。キーワードを入力すると、該当する記録を見つけることができます。

　この際、本会議録だけでなく、委員会記録についても検索することが

できます。そうすると、委員会で課長が答弁した内容などもわかりますので、答弁作成者にとっては助かります。

▶議会の広報紙で調べる

また、「市議会だより」などの広報紙を活用することも効果的です。自治体によっては、議会のホームページに先のような会議録検索機能がない場合もあります。そうした際には、一般的に、定例会が終了する度に発行される「市議会だより」などが資料として活用できます。

ここには、質問者と答弁者名だけでなく、質問や答弁の内容も記載されていることが一般的です。このため、こうした「市議会だより」などの広報紙をストックしておき、そこから探すことも有効でしょう。また、この広報紙そのものが議会ホームページに掲載されている場合もあります。

なお、多くの職場では、過去に作成した答弁を紙でファイルにまとめているか、電子ファイルで共有フォルダに格納しているかと思います。そうしたものから過去の答弁を探すことも、もちろん有益です。

どうしても探すことが難しい場合には、課長に直接聞いてしまうのも1つの手です。本会議の答弁書を首長に説明するのも、委員会で答弁するのも課長自身ですから、必ず覚えているはずです。

▶過去の答弁の内容を変更するのであれば、理由を明確に

先にも少し触れましたが、過去の答弁の内容を変更するのであれば、その理由をきちんと説明することが求められます。たとえ過去に質問した議員と、今回質問する議員が違っていても、議会に対して答弁したことは同じです。

ワンポイントアドバイス！

ある議員が、特定の行政課題に注目していて、何度も同じ質問を繰り返しているような場合は、要注意です。答弁を少し変えただけで、「変更があったのか！」と追及してくることがあるのです。

2

首長の意見や考えを踏まえているか

▶首長の意見や考えを把握するのは、なかなか難しい

　答弁は行政を代表して、議会の質問に答えるものです。このため、**実際に答弁するのが首長でなくても、首長の考えに沿った答弁でなくてはならないのは当然のこと**です。

　そのため、答弁作成者は、首長の考えを常に把握しておかねばなりません。ただし、基本的には、首長の考えは総合計画や個別の行政計画に反映されていますので、そちらを押さえておけばよいでしょう。しかし、議会質問では、そうした計画に書かれていない、首長の意図や認識を問われるため、答弁作成者としては、もう一歩踏み込んで、首長の意見や考えを把握しておく必要があるのです。

　しかし、この首長の意見や考えを把握するのは、なかなか難しい場合があります。そこで、どのように調べたらよいかを整理しておきたいと思います。

▶立候補時の公約

　まず、立候補時の公約が挙げられます。まだ選挙で当選してから間もない首長であれば、職員も首長の意見や考えを知ることができません。しかし、立候補時の選挙公約は、住民への約束ですので、この趣旨に従って答弁を書きます。

　ただし、注意が必要です。実は、公約に掲げたものの、実際に当選すると、その実現が難しいことを知り、すぐに公約を諦めてしまう可能性もあるからです。特に、施設の新設や廃止なども、多額の予算や住民ニーズに直結するものは、意外にあっさりと路線変更してしまうことも少なくありません。

　そうすると、初めての議会で、さっそく公約とは異なる答弁をするということもあるわけです。このような場合、答弁作成者は、課長から首長の意向をまめに聞き出す必要があります。

　なお、**公約は、新しい首長だけでなく、再選した首長でも大事な資料**になります。立候補の度に公約を掲げるため、選挙公報などで確認すれば、改めてどのような方針なのかがわかりますし、自分の担当部署に関する具体的な事業について言及していることもあります。

▶様々な首長の発言や文書

　また、首長の発言にも注意が必要です。この発言には、様々なものがあります。例えば、議会での発言であれば、**所信表明、議会招集挨拶、本会議や委員会での答弁**などがあります。これらについては、前項で示した議会のホームページの「会議録の閲覧と検索」で、キーワードなどを用いて調べることが可能です。

　なお、定期的に発行している「**市報**」などの広報紙に、首長のコメントなどが載ることがあります。例えば、敬老の日が近くなると、高齢者福祉に関して述べることがあります。

　また、**職員向けの庁内放送や、庁内報や職員報に掲載している文書**なども参考になります。自分の部署に関係する発言や文書がないかを気にしておくと、答弁作成に役立ちます。

　さらに、**イベントなど各種行事での挨拶**もあります。こうした挨拶文は、実際には事業を担当する課長や秘書担当などが書くことが一般的であり、あまり踏み込んだ発言をすることはありません。しかし、アドリブでのリップサービスの中に本音がにじんでいる場合もあります。

```
　　ワンポイントアドバイス！

　首長の意見や考えを把握しても、それをそのまま議会で答弁してよいかは、別問題です。首長の何気ない発言から、首長の意向を把握できたとしても、まだ公にはできないこともあります。
```

国・他自治体の状況は
どうか

▶国の動向を踏まえないと、おかしな答弁になってしまう

　答弁を書く際に、国や他自治体の状況については、必ず押さえておく
必要があります。

　例えば、ある議員から、「本市における今後の子育て支援のあり方」
という質問があったとします。この場合、その自治体で行っている事業
に関して、今後の方向性などについて言及することになります。それは、
当然のことながら、国の子育て支援策に大きく影響されます。

　例えば、毎年6月頃に発表される、国の「骨太の方針」（政権の重要
課題や翌年度予算編成の方向性を示す方針。正式名称は「経済財政運営
と改革の基本方針」）があります。その中に子育て支援に関わる内容が
掲載されていたのであれば、必ずと言っていいほど、翌年度の自治体の
事業に何らかの影響を与えることになります。

　そのため、骨太の方針を考慮しないで答弁を書いてしまうと、国の方
針に合っていないなど、おかしな内容になってしまうことがあるのです。
こうしたことから、**「今回発表されました骨太の方針をはじめ、国の動
向を注視してまいります」** などのフレーズを入れることが求められるの
です。

▶国の予算編成には、注意が必要

　このように、国が何らかの方針を示すことはよくありますので、注意
が必要です。これは、一般的には新聞などで取り上げられることのない、
各種通知なども含みます。新型コロナウイルス感染症が流行した頃など
は、毎日のように様々な通知が出されていました。

　その度に、方針が変更するということもあり、担当者としては大変な

のですが、**常に最新の内容にアップデートしておかないと、「その答弁の内容は、現状に合っていない」と指摘されてしまうため、**気をつけましょう。

　国の動向としては、この他にも予算編成、法改正、税制改正、国から発表される白書や統計などもあります。

　特に、注意が必要なのは国の予算編成に関する動きです。新年度予算であれば、例年12月頃に政府案が閣議決定され、1月に国会へ提出されます。それを踏まえて自治体は予算編成を行うため、やはり国の予算編成の動向を注視することは不可欠です。また、同時期に、国は当該年度の補正予算を編成することもあります。

▶「なぜ、本市では実施できないのか」

　また、他自治体の状況にも目を配る必要があります。

　例えば、かつて保育園待機児童対策として保育園増設に各自治体が取り組んだ時期がありました。他の市もまだ着手していないようであれば、「他市の動向を注視してまいります」という答弁ができます。しかし、ほとんどの市で取り組んでいると、「保育園増設に取り組んでいないのは、県内では本市だけです」のような答弁になってしまうことも想定されます。**他市の状況を把握しておくことは必須**と言えるでしょう。

　議員の立場からすると、他市と比較して質問するというのは、質問しやすいのです。なぜなら、「なぜ○○市で実施しているのに、本市ではできないのか」と言えるからです。

　また、先進自治体の例を把握しておくことも重要です。先進的な取組みをすると新聞などで報道されたり、専門誌で取り上げられたりします。そうした取組みの実施を、質問で求めてくることも少なくありません。

━ ワンポイントアドバイス！ ━

国や他自治体の動向をいかに把握するかについては、情報媒体をあらかじめ決めておくことが効果的です。新聞、専門誌などのほか、自治体の施策などを紹介するサイトなどもあります。

4 計画・財政部門の意向は あるか

▶計画・財政部門しか知り得ないことがある

　一般的に、質問内容に応じて答弁を作成する部署が決められ、その部署が責任を持って答弁を書くこととなります。しかし、その際に、役所全体の調整を行う、計画担当や財政部門の意向を無視することはできません。それは、次のようなケースがあるからです。

　子ども担当部署で実施する事業と、教育委員会で行う事業が類似していて、計画・財政部門としては、いずれ一本化したいとの意向を持っていたとします。 このようなことは、毎年度実施される予算編成の作業の中などで、必ずと言っていいほど議論されます。計画・財政部門の職員の発案ということもありますが、予算査定の中で、首長から直接「この2つの事業は、来年度に1つにまとめることを検討するように」などの宿題が出ることもあります。

　こうした状況で、先の子ども担当部署で事業について質問があった場合、当該部署は自分の部署のことしか考えないのが普通です（教育委員会のことまで踏み込んで答弁してしまったら、越権行為になってしまいます）。このため、「今後もますます事業を拡充させていきます」のような答弁案を書いてしまうことがあるのです。

　しかし、首長をはじめ、計画・財政部門は先のような整理統合を考えているので、そのような答弁では困るのです。仮に、予算査定の中でそのような話し合いが行われていたのであれば、担当課長も知らないということがあっても不思議ではありません。

▶計画・財政部門と良好な関係を構築しておく

　このようなことがあるため、答弁作成者としては、計画・財政部門の

意向を確認しておくことが必要なのです。先の例であれば、計画・財政部門の職員から、「首長から、事業の整理統合が求められているので、所管で検討してください」と伝えられることが一般的です。担当部署では、そこで初めて首長の意向を知るということもあります。

先程触れたように、そうした事情を知らないままに、担当部署が答弁を書いてしまうと、首長や計画・財政部門の意向とは異なる答弁を書いてしまうことがあります。こうした事態を防ぐため、書き上げた答弁を計画・財政部門がチェックをする自治体もあります。

担当部署としては、いちいち計画・財政部門の顔色をうかがうことになるので、面倒といえば面倒です。しかし、せっかく書き上げた答弁が一瞬にしてムダになってしまうことを考えれば、この程度の労力は惜しまないほうがよいでしょう。

こうした計画・財政部門の意向は、議会で質問が出てから認識をすり合わせるのでなく、日頃からこまめにコミュニケーションを取っておくことが求められます。事業を所管する部署としては、「いちいち計画・財政部門のことを考えなくてはいけないのか」と思うかもしれませんが、全庁の取りまとめ役である計画・財政部門としては、「首長の予算査定の意向を知らずに、担当部署が勝手な答弁を書いた」のでは困るのです。

仮に、事業課の中で、答弁作成と予算の担当者が異なる場合は、両者の間に円滑なコミュニケーションがあることも重要となります。計画・財政部門から予算担当者に何か連絡が入った場合は、そのことをすぐに共有するようにしておくとよいでしょう。また、計画・財政部門と良好な関係を構築しておくことも、決して損にはなりません。

━━┃　ワンポイントアドバイス！　┃━━

今後の事業の方向性など、新年度予算に関わる内容などであれば、答弁を書き始める前に、答弁の方向性について、計画・財政部門と認識をすり合わせておくことも、ときには必要です。

他部署・他事業に与える影響はあるか

▶役所が得意な「縦割り主義」に属さない分野

　ある部署の答弁が、他の部署や事業に影響を与える場合があります。よくあるのは、**その行政課題の担当部署が明確でないものや、担当部署が複数にわたるようなもの**です。簡単に言えば、役所の得意とする「縦割り主義」に属さない分野と言ってよいかもしれません。

　例えば、ヤングケアラーの問題などは複数の部署が関係します。ある議員から、ヤングケアラーの実態調査に関する質問が出たとします。質問の中で、市立小中学校の児童生徒に言及されていたため教育委員会が、「今後、実態調査を実施いたします」という答弁案を書きました。

　しかし、ヤングケアラーの問題は、市立小中学校の児童生徒だけではありません。高校生や大学生もいますし、私立に通学する小中学生についても考えなくてはいけません。そうすると、市立小中学校の児童生徒だけを対象にした実態調査でよいのか、という問題が出てきます。教育委員会の答弁作成者としては、単に「自分の部署だけ考えればいいや」とはならないわけです。

　また、こうした「縦割り主義」とは関係なく、**類似のサービスを行っている部署間では、両者に違いがあると問題になることが少なくありません**。例えば、同じ福祉サービスでありながら、高齢者対象と障害者対象でサービス内容が異なる場合などです。例えば、高齢者部門で「家具転倒防止事業を実施します」と答弁すれば、「障害者対象には行わないのか」とのリアクションが想定されるでしょう。このため、答弁書作成にあたって、事前に両者による調整が必要となる場合もあります。

▶他の事業との整合性が問われることもある

　また、他の事業に影響を与えることもあります。例えば、観光課で「観光地の案内板の多言語化を実施します」との答弁を考えたとします。この際、議員の質問は観光地に限定した内容かもしれませんが、観光地以外にあるまちの案内板との整合性も、当然問われてくるでしょう。「観光地の案内板だけ多言語化して、他の地域にあるまちの案内板は多言語化しなくてよい」とは、なかなか言えないでしょう。

　そうすると、観光課の職員は地域振興課などに問い合わせて、「**こうした答弁の方向性で大丈夫ですか」と確認すること**も必要となってきます。この確認を怠ってしまい、首脳部による答弁の確認でもその部分を見逃してしまうことも、実際にあります。そうすると、後になって地域振興課に対して、「地域の案内板も多言語化しないとおかしい」と、他の議員から意見が出てしまうことがあるのです。

▶官房系職場の答弁には注意が必要

　特に、官房系と呼ばれる内部管理部門の答弁では、注意が必要です。計画、財政、人事、広報、総務、経理、情報システムなどの部署は、全庁的な取りまとめを行っているため、どうしてもその内容はすべての課、すべての事業に影響を与えてしまうからです。

　例えば、情報システム部門に対して外部とのネットワークのセキュリティに関する質問があったとします。そして、「今後は庁内のセキュリティ対策のため、○○というシステムを用います」と答弁したとします。しかし、防災課では県との災害時用の独自ネットワークを持っていて、そのシステムに該当しない場合もあるので、注意が必要です。

> **ワンポイントアドバイス！**
>
> **他部署・他事業への影響については、どうしても自分では気づかないことも少なくありません。上司に確認することはもちろん、周囲の職員に聞いてみることも大切です。**

6

質問議員や会派に与える影響はあるか

▶間違いのない答弁でも、正解とは言えないことがある

　答弁の内容には間違いはないものの、そのままストレートに答弁できない場合があります。

　例えば、与党のベテラン議員が、たまたま思い付きのような質問をしたとします。正直に言えば、行政の立場からすると、箸にも棒にも掛からない内容なのですが、「それはできません」とバッサリ切り捨てた答弁では、後でその議員からクレームが来ることが、火を見るより明らかな状況です。

　こんなとき、正論だけの答弁では困ります。**オブラートに包んだ、角が立たない、大人の言葉遣いが求められる**のです。これは、まさに「議員によって、答弁の内容を変える」典型とも言えるのですが、答弁作成の経験が浅い職員には、なかなか対応が難しい場面でもあります。

　例えば、その質問が野党議員であれば、言い方は悪いのですが、一刀両断のような「冷たい答弁」で全く問題ありません。しかし、これが与党ベテラン議員の場合には、絶対に許されません。そうすると、質問の内容について、いろいろな視点から同意を示すものの、最後には「**現段階では、実施は困難と考えております**」のようなフレーズでかわすしかありません。

▶議員が答弁の内容を指定してくることがある

　また、少し難しいケースなのですが、議員が「積極的な答弁をしてほしい」などと、答弁の内容を指定してくることがあります。このように、答弁の内容を指定するか否かについては、議員の性格や、その質問に対するこだわりなど、いろいろな要素があり「いつも必ず答弁の内容を指

定される」わけではありません。

　例えば、自分の支持者や地盤との関係から、ある程度の色良い返事
（答弁）がほしいということも、実際にあります。そうすると、課長は
議員との間で、**どのようなフレーズであれば両者で合意できるか、落と
しどころを探る**ことになるのです。

　一般的に、そうした検討を行った上で、課長から「この答弁について
は『今後、前向きに検討していく』という内容で答弁を作成してほし
い」と注文があります。このため、答弁作成者としては、そうした点を
把握しておかないと、見当違いの答弁を作成してしまいます。

▶与党会派でも、対決姿勢の答弁になってしまうこともある

　さらに、答弁が会派に影響を与えることがあります。

　例えば、与党会派でありながら、首長出身の第一会派ではなく、第二、
第三の与党会派の議員から、職員の給与に関する質問があり、「今年の
引き上げはすべきでない」という趣旨の発言があったとします。その会
派は、職員給与については、以前から同様の主張を繰り返していました。

　職員の給与は、任命権者である首長が勝手に決められるものではなく、
基本的には人事委員会の勧告に基づいて決定します。このため、住民感
情としては「この不景気に、公務員の給与を上げるなんて」と思ってい
たとしても、実際に引き上げることもあるわけです。

　そうすると、答弁としては、質問・提案に対して、否定的な内容にな
らざるを得ません。その点については、首長とは対決姿勢になってしま
うのです。このように、**与党会派だからといって、いつも良い答弁がで
きるわけではない**ことも、認識しておく必要があります。

┌─ **ワンポイントアドバイス！**

**与党議員、与党会派に対して、禍根を残してしまうような答弁は避
けなくてはいけません。そのような可能性がある場合には、課長と
十分に連携を図ることが必要です。**

7

統計データで補完する ことは可能か

▶各職場で把握できる統計データ

　答弁は明快であることが求められます。質問に対して答弁を述べるのですから、その根拠や理由を、論理的かつ明確にすることが求められるのは、言うまでもありません。その際に有効なのが統計データです。客観的な数値であり、偏見や私情を挟むことはできないため、これほど明快なものはないでしょう。

　では、実際に、どのような統計データを用いることができるでしょうか。これは、第2章の**7**（P.44）でも少し触れましたが、もう少し整理してみたいと思います。

　第一に、事業の実績に関するデータです。**申請者数、利用者数、参加者数、処理件数といった「量」だけでなく、申請率、利用率、参加率などの「率」といった視点も重要です。**こうした事業実績に関わるものは、職場で集計して公表することもありますが、財政課に予算要求をする際に、その根拠資料として提出することもあります。このため、そのデータを使えば答弁作成のために、わざわざ集計する必要はないでしょう。

　第二に、事業に関するお金に関するデータです。予算額、決算額、収入率、執行率などはもちろん、保険料や利用料金のような住民に負担してもらうものや、反対に、敬老祝い金のような給付に関するお金の推移なども、答弁に用いることもあります。

　また、先に触れた財政課への予算要求提出資料の中には、職場別の「1人当たりの人件費」などを算出している場合もあります。そうすると、他の経費なども含めて、「処理1件当たりに要する金額」や「年齢別の保育園児1人当たりに要する経費」なども算出することが可能となることもあります。

保育料の値上げに関する答弁を行う場合には、反対する議員が多いのは当然なのですが、この「年齢別の保育園児1人当たりに要する経費」と実際に住民が支払う「保育料」との比較ができれば、値上げの理由を明確に示すことができます。

▶答弁作成者として、押さえておきたい統計データ

　第三に、事業に直接関係しないデータです。これは、住民意識調査や市民モニター調査などの結果があります。「市民の定住意向は90％を超えている」「モニターの6割以上が、さらなる高齢者福祉の充実を求めている」など、こちらも数値として示すことができます。

　なお、**答弁作成者が必ず押さえておきたいのは、人口推計と財政計画**です。人口推計は、今後の市の人口予測ですが、生産年齢人口の減少や、高齢化率の上昇、少子化の加速などを訴える場合に、よく用いられるデータです。

　また、財政計画は、今後の予算額や基金残高の見込みを示すものですが、こちらも今後の厳しい財政状況を説明する際に、よく用いられます。この2つのデータを知っておくと、いろいろな場面で活用できます。

　なお、一点だけ注意があります。それは、データを用いた答弁は、非常に明快なのですが、**正確性を重視しすぎると、答弁を聞いている議員の耳には残りにくく、わかりにくい**という点です。

　これは、皆さんにも想像してもらえれば理解できると思うのですが、「2021年の利用者は3万9,458人でしたが、22年は5％増の4万1,431人となり、23年には8％増の4万2,616人になりました」と言われても、わかりにくいのです。そこで、「2021年は約4万人で、その後は着実に増加しています」などと数字を丸めたり、省略したりします。

■ワンポイントアドバイス！

統計データをどのように解釈するのかも大事なポイントです。単にデータを示すのでなく、それをどのように捉えるのかによって、答弁の方向性も変わってきます。

8

要望に応えられずゼロ回答になる質問ではないか

▶答弁の内容に期待しない議員もいる

議員が提案や要望をしたにもかかわらず、全くその期待に応えられない答弁になってしまうことも、実際にはよくあります。結論から言えば、野党議員に対しては、そうしたことが起こっても基本的には問題はありません。

また、与党議員であっても、「別に答弁には期待していないので、内容は何でもいいよ」と、質問を渡される際に言われる場合もあります。これは、**質問時間を目一杯使って、とにかく自分の主義や主張を述べることが目的であり、その対応が難しいことは十分わかっている**ので、答弁の内容に最初から期待していないということです。

このように、答弁の内容が、いわゆるゼロ回答でも構わないことが事前にわかっていれば、答弁作成者としては気兼ねすることなく答弁を書くことができます。しかし、問題となるのは、そうではない場合です。

▶政党の手前、与党会派からゼロ回答では困ると言われる

国政政党と直結する会派の場合、その政党の主張をそのまま自治体の議会で質問することがあります。こうした際、**その政党が特定の事業などに強いこだわりを持っていて、行政に対して強く実施を求めてくる**こともあります。

しかし、行政としては、まだ態度を決定できず、その時点ではゼロ回答しかできない場合もあります。しかし、その会派としては、お目付け役である政党の手前、それでは済まされない事情もあるのです。

こうなると、答弁作成者としては、かなり厳しい局面に立たされます。実際には、課長と議員が落としどころを見つけて話し合って決めること

がほとんどなのですが、答弁作成者としては、単にその成り行きを見守るだけでなく、落としどころの案を複数提示できるようにしておきたいところです。

　同様のケースは、与党のベテラン議員の場合でも、よくあります。そうしたベテラン議員は、**行政側がゼロ回答をしてしまうと、「メンツを潰された！」と考えてしまい、その後、揉めに揉めてしまうこともある**のです。

　こうしたことがあるため、ゼロ回答の答弁については、答弁をチェックする首長をはじめ上層部もかなり慎重です。担当課長に対して、「この答弁の内容で構わないと、本当に○○議員は了承しているのだろうな」と、何度も確認したりします。

▶答弁の結論を変えるか、表現を変えるか

　さて、では答弁作成者としては、どのような案を提示すべきでしょうか。1つは、**ゼロ回答でなく、少し前向き答弁に変更する**案です。例えば、「今後、他自治体の動向を見守ります」といったゼロ回答から「検討します」に変更するなどが考えられます。もちろん、これには課長の了承が必要です。

　それも困難な場合は、表現を工夫するしかありません。議員を立てつつ、とにかくゼロ回答にならざるを得ない理由を並べます。「ご提案は十分に理解いたしますが」などのフレーズを使ったり、「○○事業も着実に実績を上げており」などと同趣旨の事業の内容を評価したりするなどして、**できるだけ議員の提案を真正面から否定しないようにします**。その上で、困難な理由を並べ、論理的に説明するのです。

┌─ **ワンポイントアドバイス！** ─┐

どうしてもゼロ回答にならざるを得ないときは、確かにあります。しかし、その際にどのように断るのかが、答弁作成者の真価が問われるところです。

議員取材で質問を
取り下げてもらえないか

▶質問の取下げは、「戦わずして勝つ」？

　孫氏の兵法に「百戦百勝は、善の善なる者にあらざるなり。戦わずして人の兵を屈するは、善の善なる者なり。」という言葉があります。これは、戦に勝つよりも、戦わずに勝つことのほうが上策という意味になります。

　議会答弁を戦いに見立てるのはどうかと思われるかもしれませんが、戦わずに勝つという観点で考えれば、答弁せずに済ませる可能性を探ることはあり得ます。

　つまり、**議員に質問しないように促す**ということです。本書は、答弁書を作成するための書籍ですが、そもそも質問することを諦めてもらう、もしくは取り下げてもらうことも知っておいて損はありません。

▶事前通告前に説明して、質問を諦めさせる

　質問しないように促す方法としては、質問の事前通告前と事前通告後の2つのパターンがあります。前者のパターンは、議員が事前通告をするために、事前に課長と質問内容について相談している中で、課長から議員に働きかけて、質問を諦めさせるものです。

　議員は、次の定例会での質問内容がなかなか決まらないときに、複数の課長に質問の相談をすることがあります。いくつか考えた質問の候補の中からピックアップして「この質問はおかしくないか」「内容として、時宜にかなっているか」などを確かめるのです。また、「こんな質問だと、どんな答弁になりそうか」などと、大まかな答弁の方向性を確認することもあります（答弁の内容は、自分の成果につながるので、できるだけ高い成果を得られそうな質問にしたいのです）。

この相談を受けたときが、質問を諦めさせるチャンスです。つまり、できれば避けたい質問について、課長から「あまり良い答弁はできませんよ」とか「この質問は、○○先生が前定例会で行ったばかりです」などと伝えて、質問しないように促すのです。

答弁作成者としては、議員から課長にそうした質問の相談があった際に、どんなことを議員に伝えたら、質問を諦めてくれるのか、その材料（質問しないほうがよい理由）を集めておきたいところです。具体的には、①質問しても良い答弁はできない、②他の議員が同趣旨の質問をする、③直近の定例会で既に質問されたばかり、などが考えられます。

▶事前通告後の質問取下げ工作

また、事前通告後に質問を取り下げることもあります。

大半は、「他の質問の内容が多くなってしまったので、この質問を取り止めたい」といったケースです。一方、取下げの時期や方法などは、各議会でルールが定まっています。

なかなか質問内容が決められず、とりあえず事前通告をしたものの、通告後に課長と話し合い、「やはり内容が適切でない」などの理由で、質問を取り下げるケースもあります。

通告後の話し合いでも、課長から議員に「この質問では、あまり良い答弁はできませんよ」と伝えることはよくあります。このため、答弁作成者は、事前通告後もこうした場合を見据えて「質問しないほうがよい理由」を集めておきたいところです。

━ ワンポイントアドバイス！ ━

取下げとは反対に、課長から議員に質問を持ちかけることもあります。「事業をアピールしたい」「現在、問題となっていることを訴えたい」などの場合が考えられます。

10 次回定例会に先送りしてもらうことは可能か

▶質問を先送りしたほうがよいこともある

　答弁は、タイミングが重要です。そのため、質問の内容によっては、次回定例会への先送りが望ましい場合もあります。

　例えば、特別養護老人ホームの整備が市政の大きな課題であったとします。議会からは、以前から何度も整備の要望が上がっており、本会議や委員会で進捗状況を尋ねられている状況です。そして、今回も同様に、現在の進捗状況について、与党のあるベテラン議員から事前通告があったとします。

　このとき、実は、市としては県有地を購入・活用する目途が立ち、県と同時に3か月後に発表する予定だとしたら、どうでしょうか。今月開催の定例会で発表することは困難です。そのため、今回質問があったとしても、これまでと同様の「検討中です」の答弁しかできません。一方、次回定例会であれば、タイミングよく整備の目途が立ったことを発表できます。

　こうしたときは、議員に事情を説明して、次回定例会に質問を先送りしたほうが、議員にとってだけでなく、行政にとっても好都合です。なぜなら、**質問がないと、本会議で発表することはできず、所管の委員会報告まで、その機会がなくなってしまう**からです。

▶質問のタイミングを心得る

　少し難しいかもしれませんが、答弁作成者としては、このように「質問されるタイミング」についても、気を配っておきたいところです。実際には、その辺りの事情については、課長がきちんと認識しているはずです。しかし、忙しい課長はうっかりと見逃してしまうこともないとは

言えません。答弁のタイミングについて、課長にそっと耳打ちできるくらいになれば、頼りになる答弁作成者と言えるでしょう。

▶「今回、質問するのは勘弁してほしい」

また、「今回、質問されてしまうと、他に影響を与えてしまうため、次回定例会への先送りを議員に依頼する」ということもあります。

例えば、保育園などの施設運営を自治体職員が直接行う直営から、指定管理者に切り替える動きがあったとします。しかし、市が指定管理者への移行を発表してから、利用者から反対の声が上がり、行政と利用者との間で、話し合いが続いていました。

もし、ようやくこの交渉が合意に達しそうなときに、「指定管理者移行の現状について」などの質問をされてしまうと、再び反対者からの注目を集めてしまい、交渉が白紙になってしまう可能性があります。せっかく続けてきた話し合いがムダになりかねません。

このような微妙な状況では、行政としては、「今は質問しないでほしい」と思うはずです。そのことは課長だけでなく、交渉にあたっている係長や主任であっても、同様の思いでしょう。こうした事情がある場合は、「今定例会での質問は勘弁してほしい。次回定例会に先送りしてほしい」と議員に働きかけることもあるのです。

答弁作成者としては、実際に保育園の担当でなかったとしても、そうした事情を踏まえ、どうすれば質問を先送りしてもらえるかを検討することが求められます。

単に、「質問があると、答弁を作成するのが面倒だから、次回定例会に先送りする」ということでなく、**議員・行政の双方にとって、いつ質問・答弁するのがよいのかを考える必要があるのです**。

┌──── **ワンポイントアドバイス！** ────

質問の先送りや取下げを議員に依頼する場合、「では、この質問ではどうですか」と代案を持っていくこともあります。答弁作成者としては、どんな質問がよいのかも把握しておきたいところです。

第4章

すばやく書く！
答弁パーツの
選び方・組み立て方

パーツ①
質問を確認する

▶答弁はパーツの組み合わせでできている

　本章では、答弁で用いられるパーツについて説明します。

　第2章**8**（P.46）でも少し触れましたが、答弁書は、どんなに長いものであっても、結局はパーツの組み合わせにすぎません。**パーツとは、質問に対する結論をはじめ、メリットやデメリット、経過、認識、決意表明など、議員の質問に対して論理的かつ明快に回答するための部品で**す。これらをいかに組み合わせるのかが、重要になってきます。

▶質問の形式

　パーツの1つは、質問を確認することです。「何を当たり前のことを！」と思うかもしれませんが、質問を確認することで、議員の質問のどの部分に対する答弁なのかを明確にすることができます。例えば、次のような事前通告があったとします。

1　少子化対策について
　（1）本市における少子化の現状について
　（2）子育て支援策について
　　①子育て支援策の現状について
　　②一時保育サービスを拡充すべきではないか
2　防災対策について
　（1）共助体制の強化について
　（以下、略）

　事前通告の書式は自治体によって異なりますが、質問の内容は、だい

たい先のような形で整理することができます。

　一般質問では、一括質問一括回答方式が主流のため、議員はこの多岐にわたる質問を一気に読み上げます。一方、答弁は「1　少子化対策について」は厚生部長、「2　防災対策について」は総務部長のように答弁者が異なります。そのため、「どこの部分について、答弁しているのか」を明確にする必要があるのです。

　例えば、「○○議員のご質問のうち、少子化対策についてお答えします。まず、本市における少子化の現状についてでありますが……」のように、一般的には通告の文言を用いて、質問を特定します。これを単に「現状についてお答えします」と述べてしまうと、少子化の現状なのか、子育て支援策の現状なのかが、わからなくなってしまいます。

　少しくどいと感じるかもしれませんが、**質問の文言を繰り返すことで、どこの部分に答えているかを明確にして「答弁漏れ」を避ける**のです。

▶質問の核心がよくわからないこともある

　なお、議員によっては、どれが質問の核心なのかがよくわからないことがあります。例えば、「学童保育施設の現状について、市はどのように考えているのでしょうか。市民から増設の声が上がっていることを、どのように認識しているのでしょうか。市は整備計画を示すべきです」などのような文章では、3つの質問があるように読めます。

　このような場合、質問の核心については、あらかじめ課長が確認するのが一般的ですが、野党議員には、そもそも肯定的な答弁はできないので、きちんと確認しないこともあります。そのときは、「学童保育施設を整備すべきではないかとのご質問についてでありますが……」と、行政側で質問を特定して答えることもあります。

> **◀ワンポイントアドバイス！**
>
> **答弁作成者としては、「誰が、どの順番で答弁をするのか」も確認しておいたほうがよいでしょう。自治体によっては、必ずしも議員の質問の順番どおりに答弁しないこともあります。**

パーツ②
認識を表明する

▶認識そのものを問われている場合

　答弁では、行政側の認識を表明することがよくあります。この認識の表明は、いくつかのパターンに分類することができます。

　まず、「現在の市民生活の現状に対する認識を問う」など、認識そのものを問う質問に答える場合です。この場合は、「厳しい」や「改善傾向にある」などの具体的な認識、見解を述べることになります。つまり、質問＝認識であり、答弁＝結論（認識の表明）ということになります。

▶政策判断の理由・根拠として用いる場合

　次に、結論を述べるために、認識を表明する場合です。これは、結論を述べるための材料として自治体の認識を表明するものです。つまり、結論のための理由や根拠と言ってもよいでしょう。

　例えば、「低所得者に対して、経済的支援を市独自で実施すべきではないか」との質問があったとします。

　この場合、結論としては「実施する」「実施しない」「検討する」などが考えられます。**この結論を述べるために、認識を表明する**わけです。先の例で言えば、「現在、市民生活は改善の状況にあると認識しております。このため、低所得者に対する市独自の経済的支援を行う考えはありません」などとなります。つまり、経済的支援を行わない理由は、「市民生活は改善している」という認識を持っているからとなります。

　反対に、「現在、市民生活は悪化していると認識しております。このため、低所得者に対する市独自の経済的支援については、今後検討してまいります」ということもあります。

　どちらの場合も、「自治体は○○と認識する。だから、△△する（も

しくはしない)」という「自治体の認識⇒政策判断」の構図になっています。つまり、**認識が政策判断に影響を与えている点がポイント**になります。

▶議員の発言に対する同意・不同意を示す場合

しかし、政策判断に影響を与えない認識もあります。それは、「議員の発言に対する同意・不同意」というものです。

例えば、「防災対策における県と市との連携強化」という質問があったとします。その質問の発言の中で、「東日本大震災からかなりの時間が経過し、市民の防災意識が以前と比べると、それほど高くないことは懸念材料の一つであります」のような発言があったとします。これは、特に質問に直接関係する内容ではなく、単なる議員の認識・感想にすぎないと言ってもよいでしょう。

しかし、こうした質問に直接関係のない発言であっても、「住民の防災意識が高まっていないとのご指摘については、市も同様の認識を持っております」といった答弁をすることがあります。これは、質問に対する答えには影響しません。言い方はよくないのですが、ある種「議員を持ち上げる」ために行っているのです。

このような認識を示すのには、いくつか理由があります。それは、**「議員の提案は実施できないが、与党議員なので少しでも議員の発言を肯定しておきたい」「質問に対する回答は一言で終わってしまうので、少しでも答弁できる材料に使う」**などです。

もちろん、反対に「議員のご指摘はあたらないものと認識しております」と切り捨てることもあります。

ワンポイントアドバイス！

自治体の認識を示すということは、役所としての考え・首長の考えを示すことと同じです。このため、単なる答弁作成者の個人的な感想では困ります。

3

パーツ③
経過を説明する

▶経過そのものを問われている場合

　答弁の中で、順を追って経過を述べることがあります。

　わかりやすい例としては、**事件や事故について、発生当初から時系列で経過を説明する**ことでしょう。

　例えば、大地震が発生した際の行政の初動体制に関する質問があった場合、次のように地震発生時からの経過を述べることになります。

　「6月24日午前9時32分、市内で震度5強を観測する地震が発生いたしました。このため、午前10時に○○市災害対策本部を設置するとともに、特別非常配備態勢を発令いたしました。そして、午前11時に警察・消防などの関係機関を含めました、第1回災害対策本部会議を開催し、市内の被害状況について確認を行ったところであります。その後、避難所の開設を指示し……」といった具合です。

　この場合では、経過が質問の内容そのものなので、経過を答えることで答弁が成立します。なお地震などの自然災害のほか、施設での事故、職員の不祥事などでも経過そのものを問う質問が想定されます。

▶政策判断までの過程を説明する

　また、政策判断の理由・根拠として、経過を説明することがあります。例えば、毎年多くの市民が参加する花火大会があるものの、今年は実施会場である河川敷の工事を県が行っているため、中止にせざるを得ない状況だとしましょう。

　こうした際、単に「今年は県が河川敷で工事を行っているため、花火大会を中止します」では、議員も住民も納得しません。やはり中止の判断に至るまでの経過について、順番に説明する必要があります。具体的

には、県との交渉経過、町会などの地域団体との調整、代替案の検討など、様々な内容が考えられます。結局は、「できない理由」を順番に説明しているだけと言えるかもしれませんが、**議員も市民も「なぜ中止なのか」「どうにか開催できないのか」という疑問を持っているため、できるかぎり丁寧に答える必要があります。**

　一方で、新たな施設の整備や反対に施設の廃止のような、多くの住民が興味を持ち、賛成・反対の意見のいずれもが予想されるものなどについても経過を説明することがあります。

　これは、ある意味では「この政策判断が正しいことを、経過を追って説明する」ということになります。例えば、施設の廃止であれば、利用者数の減少、施設の老朽化の現状、庁内での検討状況などについて、それぞれ経過をたどりながら説明することもあるでしょう。

▶「言い訳」に聞こえそうだが、「正々堂々」と主張する

　答弁の中で、経過を説明するのは、少し冗長に思えるかもしれません。経過そのものを問われている場合はそう感じないかもしれませんが、政策判断の理由や根拠として経過を述べる場合は、つまりは「できない理由を並べる」あるいは「政策判断の正当性を主張する」ことになるからです。

　しかし、そうしたことを負い目に感じてしまい、**経過の内容を省略してしまったり、曖昧にしてしまったりすると、かえって議員や住民から疑われてしまいます。**言い訳を述べているように見えてしまうのですが、そこは躊躇せずに、正々堂々と述べることが必要です（答弁の最中にヤジが飛ぶかもしれませんが……）。

ワンポイントアドバイス！

経過を説明する際には、どうしても文章が長くなってしまいがちです。限られた文字数の中で、取り上げるものとそうでないものを見極めることが求められます。

4

パーツ④
課題を説明する

▶提案が実施困難な理由として課題を挙げる

　答弁の中では、課題を説明することもよくあります。

　一番多いのは、「○○という課題があるので、提案をすぐに実現することは困難です」などのように、**議員からの提案を断る理由として用いる**ケースです。その具体的な内容を解説しましょう。

　第一に、**他の事業などに影響がある場合**です。例えば、「現在、依然として待機児童がおり、保育園が不足している。もっと、保育園を整備すべきだ」との提案があったとします。

　保育園新設は、在宅で子育てをしている世帯や幼稚園児などと比較すると、保育園児に対して多くの予算が投じられることになります。そうすると、子育て支援策全体で考えると、保育園に関する事業だけが突出したように見えてしまいます。このため、「現段階での保育園整備については、在宅子育て世帯との均衡の視点などから課題があると考えております」といった答弁になります。

　第二に、**提案の内容の優先順位が低い場合**です。提案の内容は理解できるものの、役所全体で考えると、優先順位が高いとは言えないため、すぐに提案を行うことはできないとするのです。

　例えば、保育園新設の例であれば、「以前と比べると待機児童数は減少していることから、現段階での新たな保育園整備については、課題があるものと考えております」などのように答弁します。

　第三に、**財政上の問題がある場合**です。提案の趣旨には賛同できたとしても、そもそも財源が不足していては、提案を実施するのは困難です。特に、多額の予算を必要とする施設の整備や、全世帯を対象とした経済的給付などは、財源の裏付けがなければ実現することはできません。

そこで、同様に保育園新設の例であれば、「新たな保育園の整備につきましては、財源確保などの課題があるものと考えております」などの答弁となります。

▶喫緊に取り組むべき課題を明確にする

また、「課題を説明する」場面には、**役所として重視している分野を自ら示す**ということがあります。当然のことながら、役所には様々な行政課題があり、それらすべてを一気に解決することはできません。そのため、優先順位を付けて対応することになり、簡単に言えば、優先順位の高い分野に多くの財源を割り振ることになります。

特定の分野に多額の財源を充てる政策判断を行うのであれば、そのことを住民に説明する必要があります。こうした際に、答弁の中で役所自らが課題を説明するのです。

具体的には、「現在の市政における最大の課題は、子育て支援策の充実であると考えております」のような答弁です。これは、議員から「現在の市政の課題は何か」や「市長は、重点的に取り組む課題について、どのように認識しているのか」などの質問に対する答弁となります。

▶枕詞として使われる「本市の課題」

なお、この課題を説明する際によく枕詞として用いられるのが、「本市の課題は山積しております」です。「現在、市政には様々な課題がある」ことを表現する際に、よく使われる常套句と言えるでしょう。

例えば、「現在、少子高齢化、防災、環境対策など、本市の課題は山積しております」といった具合です。計画や財政部門が行財政運営全般などについて答弁を作成する際などに用いられます。

ワンポイントアドバイス！

「ご提案の実現については、他の事業との整合性や財源の問題など、様々な課題があるものと認識しております」のように、「課題」＋「認識」を一緒に使用することもよくあります。

5

パーツ⑤
メリットを説く

▶住民のメリット

　答弁の中で、議員から提案された内容を実施することを表明したり、行政自らが事業の実施や廃止を述べたりすることがあります。

　いずれの場合も政策判断・政策決定をすることになりますが、なぜそのように判断するのか、メリットを説明する必要があります。メリットは、住民のメリットと行政のメリットの2つに区分することができます。

　住民のメリットについては、様々なものが考えられます。例えば、制度の狭間で該当するサービスがなく、不利益を被っていた住民に対して新たな事業を行うのであれば、不公平の解消につながります。

　なお、この住民のメリットについては注意しなくてはいけない点が2つあります。1点目は「**特定の住民だけのメリットになっていないか**」です。例えば、ある地域に公園を整備することになった場合、他の地域の公園設置数との比較が、必ずといっていいほど問題になります。特に議員にはそれぞれ地盤があるため、先のような施設の整備が決定すると、「うちの地域は取り残されている」という苦情につながってしまうことがあるのです。

　2点目は、「**現在の住民だけではなく、将来の住民のメリットのことも考慮する必要がある**」ということです。例えば、墓地のような迷惑施設と呼ばれる施設の整備にあたっては、地域からの反対運動が起きやすくなります。しかし、今後の多死社会を考えると、今のうちから整備しておかなければ、将来もっと大きな問題に発展してしまう恐れがあります。こうした点を踏まえ、将来の住民のメリットも重要な視点になります。

▶行政のメリット

　また、行政、役所にとってのメリットもあります。これは、行財政運営の視点などが挙げられます。

　例えば、指定管理者の導入などの民間委託は、住民に「安かろう、悪かろう」という行政サービスをイメージさせてしまいがちです。しかし、経験のある民間事業者のノウハウを活用できれば、自治体職員が直営で行うよりも、「安くて、より良い」サービスを提供することも可能です。

　そうすれば、浮かすことのできた予算を他に振り分けることができ、新たな行政サービスも可能となり、住民の便益が向上します。もちろん、すべての民間委託にメリットがあるとは言い切れませんが、**効率的・効果的な行財政運営は、行政のメリットであり、ひいては住民のメリットにつながるのです。**

▶ WIN-WIN、「三方良し」を目指す

　答弁でメリットに言及する際には、できれば住民・行政双方のメリットである WIN-WIN を目指したいところです。なぜなら、**住民だけのメリットしか考えないのであれば、それは首長の「人気取り」「票集め」のような印象をどうしても持たれてしまうからです。**

　さらに言えば、自治体以外にも良い影響を与えられる「三方良し」であることが理想です。「三方良し」とは、売り手と買い手がともに満足し、また社会貢献もできるのが良い商売という意味です。自治体であれば、住民と行政はもちろんのこと、他自治体や民間事業者、ひいては社会全般にメリットがあることを述べられれば、さらに良いでしょう。

　┏━ **ワンポイントアドバイス！** ━

メリットを述べているつもりであっても、特定の地域住民だけのメリットであれば、それは他地域の住民にとってはデメリットになってしまうことも、当然あります。

パーツ⑥
デメリットを説く

▶住民のデメリット

　前項とは反対に、答弁の中でデメリットを説くこともよくあります。基本的には、議員からの提案を断る理由として、デメリットを挙げることが多いでしょう。その具体例を挙げてみたいと思います。

　まずは、やはり住民にとってのデメリットです。議員からの提案で、住民にとってデメリットが生じることは、想定しにくいかもしれませんが、実際にはあります。

　第一には、**地域間による不公平が生じてしまう場合**です。おそらく一番わかりやすいのは、議員が地盤のために、公園などの公共施設の整備を求めてくる場合です。確かに、地域住民にとっては良いことなのかもしれませんが、他地域の住民から見ると、「不公平だ！」ということになってしまいます。

　こうした地域間のアンバランスは、よく問題となります。例えば、中心地の栄えている地域と、そうでない地域がはっきりと分かれるようなケースでは、そうしたことが起こります。しかし、「それは、○○地域の住民にとっては不公平です」とは答弁できないため、「**市（地域）全体のバランスを踏まえますと、ご提案は困難と考えております**」のような答弁になります。

　第二に、**将来の住民にとってのデメリットになってしまう場合**です。例えば、子育て支援策として子どものいる全家庭に対して経済的給付をせよとの提案があったとします。

　確かに、現在の少子化対策を考えれば、そうした経済的給付は有効かもしれません。また、該当世帯にとってはもちろんのこと、提案した議員にとっても、首長にとっても良さそうに見えます。

しかし、こうした給付は、一度始めるとなかなか途中で止めることはできません。そうすると、毎年多額の財政負担となり、将来の住民に対する行政サービスに影響が出ることとなってしまいます。

このように、「将来の住民のデメリット」になりうると考えた場合、**「将来的な財政負担を考慮しますと、実現は困難であると考えております**す」のような答弁になります。

▶行政のデメリット

この「将来の住民のデメリット」は、行財政運営上のデメリットとも言えるでしょう。将来世代に安定した行政サービスを提供できないということは、そもそも行財政運営が適切に行われていないことの証明でもあります。

また、行政としてのデメリットには、**公平性の問題**が挙げられます。例えば、保育料の値下げの提案があったとします。そのことは、確かに住民から見ても、議員や首長から見ても良いことのように思えます。しかし、保育園を運営するためには、多額の予算が必要です。仮に、保育料を下げると、これまで以上の公費を投入することになります。

そうすると、「保育園だけに、そんなに財源を使ってよいのか」という問題にもなります。在宅子育て家庭や幼稚園児などとの比較を考えると、著しく公平性を欠いているとも言えなくもありません。

もちろん、災害時には多額の予算を投入するように、時と場合によっては、そうした対応が求められることもありますが、平常時に特定の行政分野に偏るのは、やはり公平性の観点から疑問が残ります。このため、**「市政運営全般を踏まえますと、ご提案内容の実施は難しいものと考えております」**のような答弁になるのです。

ワンポイントアドバイス！

いくら行政のデメリットであったとしても、「職員の負担の増加」を理由に提案を断るなどということは、原則的にはありません。

パーツ⑦
理由を説明する

▶答弁する際には、必ず理由を付け加える

　必ずと言っていいほど、答弁する際には理由を述べます。答弁は、基本的には議員の質問に答えるものであり、理由を述べずに答弁しても、説得力がありません。

　これまで触れてきた「認識を表明する」「経過を説明する」「課題を説明する」「メリットを説く」「デメリットを説く」のいずれもが、答弁の理由になります。

▶理由として使える材料

　では、もう一歩進めて、理由として使える材料にはどのようなものがあるでしょうか。答弁作成者としては、「理由として使えるもの」としてどのようなものがあるか、確認しておきましょう。

　第一に、**総合計画など計画に関するもの**です。ご存じのとおり、多くの自治体では総合計画を策定しています。その構造として、概ね基本構想、基本計画、実施計画の三層となっています。

　基本構想が概ね10年から20年先にわたって実現すべきビジョンや政策大綱で構成され、基本計画は5〜10年を実現目標の期間として、基本構想を実現するための基本的な政策となっています。実施計画は3〜5年にわたって実施されるべき政策が明示されています。また、総合計画とは別に「環境基本計画」のような個別の行政計画もあります。

　これらの計画は、「今後、このように行政を運営します」という自治体の明確な方針ですので、「今後の環境対策については、環境基本計画に基づき着実に実施してまいります」のように答弁することがあります。

　なお、この基本構想を作成する際の基礎データも押さえておきたいと

ころです。具体的には、人口推計、財政計画、住民意識調査の結果など
が挙げられます。

第二に、**行政評価や監査の結果**です。総合計画などは、ある意味では、
これまでの行財政運営の既定路線を説明したものとなりますが、計画か
ら変更が必要なこともあります。そうした際に材料として使えるものは、
行政評価や監査の結果です。

行政評価の結果であれば外部有識者、関係機関の職員、住民などの声
が反映されます。また、監査についても監査委員の意見が付されるはず
です。これらは、これまでの既定路線とは異なります。このため、「今
年度の行政評価委員会より、組織のあり方についての指摘もあったこと
から、今後検討してまいります」といった答弁をすることがあります。

▶国や他自治体の動向も理由になる

第三に、**国・他自治体などの状況**です。自治体が政策判断を行うにあ
たっては、国や他自治体の動向を無視するわけにはいきません。

コロナ禍では、日々、各省庁から様々な通知が発出されていました。
これら１つひとつを自治体の政策判断や意思決定を行うにあたって、参
考にします。また、当時のように状況が日々流動的であれば、「国の動
向を注視してまいります」のように、政策判断や意思決定をしない理由
として、国を「言い訳」に使うこともあります。同様に、他自治体も
「言い訳」に使うことができます。例えば、先のコロナ禍の例であれば、
国が「個別の具体的な事例の対応については、自治体の判断に任せる」
などと、自治体に判断を預けてしまうことがあります。こうした際、
「他の自治体の動向の把握に努めてまいります」と答弁することがあり
ます。

┌─ **ワンポイントアドバイス！** ─────────────────────┐

**答弁において、理由の説明はとても重要です。答弁作成者としては、
所属組織の状況はもちろんのこと、総合計画や財政状況など市政全
般について把握しておくことが必要です。**

└──────────────────────────────────┘

パーツ⑧
結論を述べる

▶結論は明確にする

　議員の質問に答えるのが答弁ですから、結論を明確に示すことは当然のことです。質問に答えていないのは論外ですが、何が結論かわからないような内容の答弁も困ります。

　第2章**1**（P.33）でも触れましたが、質問と答弁は、究極的には一問一答で記述できます。この「一答」に該当する部分は、「実施します」「実施しません」「検討します」「周囲の自治体の動向を注視してまいります」などのように、簡潔な一文で示されます。このように、結論は明確であることが大切です。

▶最初に結論を述べたほうがよい場合

　議会答弁における結論は、①最初に述べる場合、②最後に述べる場合の2パターンがあります。どちらがよいのかは、ケースバイケースですが、この点について少し解説したいと思います。

　まず、最初に結論を述べる、「結論先行型」がよい場合です。例えば、議員から新たな事業の提案があったとします。この場合、最後まで答弁を聞かないと質問に対する答え（結論）がわからないとしたら、質問をしている議員はもちろんのこと、答弁を聞いている他の議員も、「結局、結論は何だ！」とイライラしてしまうでしょう。

　このため、まずは「ご提案の産後ケアの相談事業の拡充につきましては、今後検討してまいります」のような結論を答弁の冒頭に述べ、その後に、実施のメリット、実施にあたっての課題などについて説明します。

　その質問に対する答弁が長いときは、最後にもう一度結論を繰り返すことが一般的です。答弁の最後に、「いずれにいたしましても、産後ケ

アの相談事業の拡充につきましては、今後検討してまいります」と再度結論を述べて、答弁を締め括る「サンドウィッチ型」も考えられます。

▶最後に結論を述べたほうがよい場合

一方で、最後に結論を述べる、「理由先行型」がよい場合もあります。これは、最初に結論を述べてしまうと、①相手を否定する印象が強くなってしまう、②とにかく「言い訳」を強調しなければならない、③最初に結論を述べてしまうとその後に答弁する内容がなくなってしまう、などが考えられます。

①は、質問者がベテラン与党議員の場合を想定してもらえれば、わかりやすいでしょう。こうした議員に対し、答弁冒頭に「ご提案の実施は困難と考えております」と言ってしまうと、頭ごなしに相手を否定する印象が濃くなります。そこで、**まずは課題などを並べ立て、最後に「できません」と結論をそっと付け加える**のです。

②も、ほぼ同様です。例えば、行政側は実施困難と思っているものの、多くの議員が期待する政策があったとします。この場合も、やはり冒頭に結論を述べてしまうと、多くの議員の反感を買ってしまうようなことになってしまいます。このため、結論は後回しにします。

③はイメージしにくいかもしれません。質問の中には、質問の中身がないために、答弁も一言で終わってしまうようなものがあります。しかし、一言で済ませるわけにはいかないため、とにかく時間を引き延ばす必要があるのです。そこで、質問に関する話題などに触れて、文字数を稼いだ上で、最後に結論を述べて締め括るのです。

ワンポイントアドバイス！

まずは結論を明確にして、次に、質問者である議員に、どのようにその結論を伝えるかを考えましょう。また、同じ質問でも、議員によって結論の伝え方は変わるので、注意が必要です。

9

パーツ⑨
決意を述べる

▶首長の決意表明

答弁の中では「決意を述べる」ことがありますが、この決意表明は首長が述べる場合と首長以外が述べる場合では、やや異なります。

首長の場合は、「行政のトップ」と「政治家」という2つの側面があります。行政のトップとしては、「全庁一丸となって、新型コロナウイルス感染症への対応を行ってまいります」のように、課題が緊急を要するもの、組織横断的な対応が求められる場合に用います。

自治体にとって、文字通り喫緊の課題に対する決意表明と言えるでしょう。このような課題だからこそ、行政トップとして決意表明をすることに意味があるわけです。

しかし、政治家としての決意表明は、やや異なります。最も多いのは選挙への出馬宣言、つまり「選挙に立候補します」という決意表明です。統一地方選前の議会では、与党議員の質問への答弁の中で出馬宣言をすることがよくあります（もちろん、この答弁を作成するのも答弁作成者の役割です）。

また、「行政としてはそこまで言えないけれど、首長が政治家の信念として決意表明をする」ということもあります。それは、必ずしも自治体の所掌事務とは限らず、拉致問題やロシアによるウクライナ侵攻などの国際問題であることもあります。答弁としては、「決して許すことのできない暴挙であり、一人の政治家として、この問題の解決に取り組んでいきたいと考えております」などがあります。

こうした政治家としての決意表明は、まさに政治家としての信念であるため、「いつ、どこで決意表明するのか」は、首長本人にしかわかりません。このため、こうした答弁が書けないからといって、答弁作成者

としては悩む必要は全くありません。

　かえって、変に気をまわして、このような決意表明に関する答弁を書いてしまったら、「何様のつもりだ！」と課長に注意されてしまうでしょう（たまに、そうした勘違いをした答弁を作成する職員が出現します）。

▶首長以外の決意表明

　首長以外、つまり本会議で答弁を行う部長なども決意表明をすることがあります。たまたま首長がその質問の答弁者ではないものの、「全庁一丸」を強調する必要がある場合に、部長が答弁するのです。

　しかし、多くの場合、部長の決意表明は「部として取り組んでいく」ということを示すことが多いかと思います。単に、「実施します」では、答弁としてのインパクトがなく、ベテラン与党議員への答弁としては物足りない場合に、こうした決意表明をすることがあります。

▶決意表明の効果

　決意表明には、２つの効果があります。その１つは、**意気込みを示すことで本気を見せられる**ということです。単に、質問に対する結論だけでなく、決意表明をするということは、首長個人もしくは行政側の本気度を示すことにつながります。もう１つは、**議員へのパフォーマンス**という側面です。質問の結論は大したことがないために、決意表明をすることで、議員に納得してもらう効果もあるのです。

> **ワンポイントアドバイス！**
>
> **答弁作成に慣れていないと、どんなときに決意表明をするのかが、わかりにくいかもしれません。しかし、多くの答弁を書いていけば、次第に使うべきタイミングがわかってくるようになります。**

10

結論に応じて、
必要なパーツを選ぶ

▶答弁を分解すれば、パーツの構成がわかる

　これまでの説明で、答弁を構成する各種パーツの役割や基本的な使い方については、ご理解いただけたことと思います。既に述べたとおり、長い答弁であっても、結局、答弁はこのパーツの組み合わせにすぎません。

　答弁作成に不慣れなうちは、うまく書けずに不安になってしまうかもしれませんが、コツさえつかめば、大丈夫です。経験を重ねていくうちに必ず書けるようになりますので、心配はいりません（30年以上の役所生活の中で、答弁が書けずに困っている職員には、出会ったことはありません）。

　もし、時間に余裕があれば、**これまでの答弁をパーツに分解してみる**ことも良い勉強になるでしょう。答弁の内容は無視して、単に「結論」「メリット」「認識」のように答弁を「機能」で分解してみると、答弁のパーツの構成がはっきりと見えてくるはずです。

▶答弁書の作成手順

　それでは、改めて「パーツの組み合わせ」という視点で、答弁書の作成手順を説明します。

①結論を決める

　まずは、質問に対する結論を一文で決めます。議員からの提案であれば、「実施します」「実施しません」「検討します」「研究します」「他の自治体の動向を注視してまいります」などが考えられるでしょう。

　行政側の認識を問う質問であれば、「住民の生活は改善している」「着実に成果を上げている」「重要な課題である」「今後の推移を見守ってい

く必要がある」などがあります。また、「これまでの待機児童数の推移」や「現在の県との協議状況について」のように、単に数値や事実の確認に対する質問であれば、その内容が結論となります。

②理由を明確にする

①の結論のうち、提案と認識については、理由を示すことが必要です。この場合、「何を理由にするか」について明確にする必要があります。「メリット」「デメリット」「これまでの経緯」「現在の行政の認識」「現在の課題」「今後予想される課題」などが考えられるでしょう。

理由を1つにするか複数にするかは、文字数との関係などから決まることになります。

③結論・理由以外に議員に伝えておくことがあるか

質問に対する結論・理由以外に伝えておくべきことがあるかを検討します。基本的には、質問に対する結論とその理由を述べれば、答弁としては成立しています。しかし、それだけでは舌足らずであったり、議員への配慮が欠けてしまったり、ということがあります。

こうした場合、「決意表明」や質問とは異なる「認識」を示すことで、答弁にまとまりが出てくることがあります。何か議員に伝えておくべきことがあるか、もしくは答弁全体として重みが出ているかなどから、追加すべきパーツを考えます。

④パーツの順番を考える

以上のパーツが出尽くせば、あとはそのパーツを並べるだけです。並べ方は、「結論先行型」「理由先行型」、もしくは結論・理由・また結論の「サンドウィッチ型」の3種類で考えればよいでしょう。なお、答弁の冒頭では、質問を確認することもお忘れなく。

ワンポイントアドバイス！

多くの答弁を読むことは、勉強になります。また、答弁を読むことで書き方の「勘所」も養われてくるはずです。ぜひ、過去の答弁を参考にしてみてください。

第 5 章

「政策・事業等を提案されたとき」の答弁書

提案にハッキリと
賛成する答弁 〈給食費の無償化〉

◉ポイントフレーズ

市といたしましても全力で取り組んでまいります。

◉議員からの質問例

物価高騰の中、本市において子育て支援が喫緊の課題である。早急に給食費の無償化を実施すべきと考えるが、市の考えを問う。

答弁組み立ての「型」

❶ 質問を確認する
端的に「給食費の無償化」について答えることを告げます。

▼

❷ 認識を表明する
法的根拠とともに、現在の状況に対する認識を述べます。

▼

❸ 結論を述べる
ハッキリと賛成する意向、つまり実施する旨を伝えます。

▼

❹ 決意表明を述べる
無償化実施に対する市としての考えを、より詳しく表明します。

答弁原稿例

　早急に給食費の無償化を実施すべきとのご質問にお答えします。

　学校給食法[1]では、学校給食の実施に必要な施設設備費、修繕費、学校給食に従事する職員の人件費は、義務教育諸学校の設置者の負担とし、それ以外の経費は保護者負担とされております。このため、給食費は、これまで保護者負担となっておりました。

　しかしながら、現在の市民の生活については、未だ改善の傾向が見られておりません。

　本年1月現在、本市の勤労者世帯1世帯当たりの月収は、518,139円となり、昨年同月より13,258円の減少となっております。[2]

　その一方で、光熱水費は昨年よりも9,256円上昇し、家計への圧迫は明白であり、市民の生活は厳しさを増しております。特に、子育て世帯の家計への影響は顕著であり、このことが少子化の要因であるとも認識しております。

　以上のようなことから、議員ご指摘のとおり、子育て世帯に対する対策は**急務と考えております。**[3]このため、家庭の子どもの数や所得制限といった条件を設けることなく、**令和6年4月より給食費の無償化を実施してまいります。**[4]

　実施にあたりましては、各小中学校と連携するなど、**市といたしましても全力で取り組んでまいります。**

CHECK !

1　学校給食及び学校給食を活用した食に関する指導の実施に関し必要な事項を定め、学校給食の普及充実及び学校における食育の推進を図ることを目的。給食費の保護者負担については、11条に規定されています。

2　認識を表明するにあたり、客観的な指標である数値データを根拠として示すのは効果的です。ここでは、毎月発表される総務省統計局の家計調査を用いています。

3　ハッキリと賛成し、その切迫感を伝えるために「急務」という表現を用いるのは効果的です。

4　具体的な実施時期を明示することで、市としての本気度をアピールします。

ここがポイント！

賛成の場合、「ご指摘のとおり」などの文言を用いて明確に賛意を示すと、議員の納得感がより高まります。

提案内容を実施する方向で検討する答弁 〈結婚相談所の設置〉

◉ポイントフレーズ

ご提案の内容を実施する方向で検討してまいります。
実施に向けて検討してまいります。

◉議員からの質問例

人口減少が加速する中、少子化対策は急務である。他自治体での取組みもあるが、本市としても結婚相談所を設置してはどうか。

答弁組み立ての「型」

❶ 質問を確認する

端的に「結婚相談所の設置」について答えることを告げます。

▼

❷ 結論を述べる

「実施に向けて検討する」ことを冒頭で明らかにします。

▼

❸ 課題を述べる

実施に向けて検討するものの、課題があることも明確にします。

▼

❹ 結論を繰り返す

再度結論を繰り返し、提案に前向きであることを強調します。

答弁原稿例

　結婚相談所の設置について、お答えいたします。

　現在、本市の最大の課題である少子化対策として、結婚相談所の設置は効果的であると認識しており、**ご提案の内容を実施する方向で検討してまいります。**[1]

　本市の人口は、1985年の34.5万人をピークに減少[2]しており、2023年度中に28万人を下回り、2040年には24.5万人、2060年には18万人になると推計されております。日本全体が少子高齢化による人口減少期に入っておりますが、本市の人口減少のペースは、国全体よりも早いことが想定されており、少子化対策は、文字通り待ったなしの状態であります。

　一方で、**結婚相談所の設置につきましては課題もあるものと考えております。**[3]他市の状況を見ますと、行政が相談所を設置したにもかかわらず、登録者数の伸び悩みや、マッチングの回数は多いものの、結婚に至るまでの件数は多くないなどの課題があるとの指摘もございます。

　また、単に相談に来ることを待つだけではなく、いわゆる「街コン」や地元食材を活用した料理教室の開催など、魅力あるイベントについても、併せて検討していく必要があるものと考えております。

　いずれにいたしましても[4]、少子化対策として結婚相談所の設置には一定の効果があると考えており、**実施に向けて検討してまいります。**

CHECK！

1　「提案を実施するのか、しないのか」が大事なポイントなので、冒頭で端的に結論を述べます。

2　人口推計は、答弁の中でもよく用いられます。一般的に、総合計画に掲載されています。

3　提案を実施する方向で検討するとしても、議員の提案をすべてそのまま受け入れるのではなく、様々な課題があることも明確にしておきます。これにより、諸事情により、急遽、結婚相談所を設置しないことになったとしても、「あの時に課題があると答弁した」と「言い訳」に使うことができます。

4　「いずれにいたしましても」は、答弁でよく用いられるフレーズなので、覚えておくと便利です。

ここがポイント！

課題等を先に述べると、結論までが長く、議員のイライラが募るため、ここでは最初に結論を述べています。

提案に賛成する答弁

〈防災バッグの配布〉

◉ポイントフレーズ

検討してまいります。

◉議員からの質問例

来年は、○○地震から10年という節目の年を迎える。これは市民の防災意識を高める良い機会であり、全世帯に防災バッグを配布してはどうか。

答弁組み立ての「型」

❶ 質問を確認する

端的に「防災グッズの配布」について答えることを告げます。

▼

❷ 経過を説明する

防災意識が低下していることを説明します。

▼

❸ メリットを説く

実施に向けて検討するものの、課題があることも明確にします。

▼

❹ 結論を述べる

「検討する」として、提案に賛成であることを示します。

答弁原稿例

<u>鈴木議員のご質問にお答えします。</u>[1] まず、防災バッグ配布についてであります。

20××年に発生した○○地震では、本市におきましても死者3名、重傷者34名の人的被害だけでなく、全壊家屋6戸、半壊家屋25戸の建物被害が発生するなど、大変大きな被害が発生いたしました。

市内35か所で避難所を開設し、市民の中には1週間以上にわたり、避難所生活を送られた方もおり、本市としては、<u>すべての職員の力を結集し、対応にあたったところであります。</u>[2]

地震後、市内各地で防災訓練が実施されるなど、市民の防災意識も高まったところであります。しかし、例年実施しております<u>「市民世論調査」の結果などを見ますと防災意識は低下傾向にあり</u>[3]、市といたしましても課題があると認識しているところであります。

全世帯への防災グッズ配布につきましては、ご指摘の防災意識の向上に寄与することはもちろんのこと、実際に災害が発生した際に、必要なものをまとめて運び出せることや、在宅避難に必要なものを収納できるなどのメリットがございます。

一方で、全世帯への配布については多額の経費を要することや、配布の方法や時期などの課題もございます。このため、<u>防災バッグの全世帯配布については、今後検討してまいります。</u>[4]

CHECK！

1　一括質問一括答弁方式の場合、最初の答弁者は「○○議員のご質問にお答えします」と冒頭に述べ、2人目以降の答弁者は、単に「○○についてお答えします」と質問の件名だけを述べる場合があります。こうした「答弁の作法」は、自治体で異なります。

2　このように、答弁の中で行政の取組みを取り上げて、自らアピールすることがよくあります。

3　時間の経過とともに住民の防災意識は低くなっていきます。そうした経過を説明することで、提案に賛成する理由とします。

4　「検討する」と答弁した内容については、後日、実際に行うのか否かを明確にする必要があります。

ここがポイント！

「検討します」は、単に検討するという意味ではなく、基本的に提案に賛成することを意味しています。

4

提案には課題があるため、先送りする答弁 〈シビックプライド条例〉

◉ポイントフレーズ

実施にあたっては、解決すべき課題があると認識しております。

◉議員からの質問例

シビックプライド（まちに対する市民の誇り）を高めるために、いわゆる「シビックプライド条例」を制定すべきと考えるが、市の考えは。

答弁組み立ての「型」

❶ 質問を確認する
端的に「シビックプライド条例」について答えることを告げます。

▼

❷ 経過を説明する
シビックプライドの内容や条例制定などについて説明します。

▼

❸ メリットを説く
提案のメリットを説明します。

▼

❹ 結論を述べる
提案には課題があることを述べます。

答弁原稿例

シビックプライド条例[1]の制定に関するご質問についてお答えします。

シビックプライドは、自分が生まれ育った場所に対する愛着を指す「郷土愛」とは異なり、地域をより良い場所にするために、積極的に地域を良くするための活動に参加する気持ちであるとされています。

このシビックプライドを醸成することで、人口流出の防止、転入者や観光客の増加などが見込めることから、少子高齢化や人口減少への対応、また産業の発展にも寄与するとも言われております。

シビックプライドに関する条例につきましては、現在、○○市と△△市の2市でシビックプライドを高めることを目的とした個別の条例を制定しております。[2] また、自治基本条例や市民参加条例等において、住民が地域の誇りを持ってまちづくりを進めることなどを規定している例もございます。

個別のシビックプライド条例の制定につきましては、市全体で全国から「選ばれるまち」になるために取り組むことを市内外に明確にすることや、まちの価値を高めるなどのメリットが想定されます。[3]

一方で、現在ある基本構想における基本理念との関係や、市民のシビックプライドに関する認識の広がりなど、制定にあたっては、解決すべき課題があると認識しております。

CHECK！

1　シビックプライドに厳密な定義はありませんが、「地域の誇りと愛着」を表す言葉とも言われ、まちを良い場所にしていこうという意思が含まれているとされます。

2　このように先進的な取組みを行っている自治体名を具体的に挙げて答弁することもよくあります。

3　この答弁では、「課題があるので先送り」が結論なのですが、質問者が与党議員の場合は、このように結論の直前で提案のメリットなどを述べ、議員に対してある程度の賛意を示しておくことはよくあります。

ここがポイント！

提案を先送りする答弁の場合、メリットを認めた上で課題を指摘して、先送りする理由を明確にします。

提案は時期尚早のため、先送りする答弁 〈オンライン相談体制〉

◉ポイントフレーズ

今後、他自治体の動向を注視してまいります。

◉議員からの質問例

妊娠・出産・子育てに不安や孤立を感じている市民への対応として、24時間いつでも質問や相談ができるオンライン相談体制を構築したらどうか。

答弁組み立ての「型」

❶ 質問を確認する

端的に「オンライン相談体制」について答えることを告げます。

▼

❷ 経過を説明する

これまでの子育て支援体制などについて説明します。

▼

❸ 課題を述べる

提案のメリットを指摘する一方で、課題があることを述べます。

▼

❹ 結論を述べる

他自治体の動向を注視することを述べます。

答弁原稿例

オンライン相談体制[1]に関するご質問についてお答えいたします。

現在、市では、育児不安の軽減とそれに伴う虐待予防のため、妊娠・出産期から子育て期にかけて切れ目のない子育て支援を実施しております。

妊娠期には、妊娠全数面接やパパママ学級[2]を実施し、これから出産・育児を控える市民の不安をできるだけ減らすように努めているところです。

また、出産後には産後ケアや新生児訪問指導を行う一方、乳幼児期には乳幼児健診や発達相談、心理相談等を実施し、妊娠期から出産後に至るまで、機会を捉えて専門職による相談を実施しております。

ご提案のオンライン相談体制につきましては、子育てや親子関係について悩んだときに、保護者がオンラインで相談できる窓口と認識しております。無料かつ匿名で相談できることから、気軽に相談ができるなどのメリットがある一方、利用件数がそれほど多くない自治体もあると聞いております。

現在、保健所では、各保健師が、産後の母親の体調や子育てに関する悩みについての相談に随時対応しており、また子ども家庭支援センターなどでも相談体制の充実を図っております。このため、オンライン相談体制につきましては、費用対効果[3]などを見極めつつ、今後、他自治体の動向を注視してまいります。

CHECK！

1　この質問は、妊娠・出産・子育てと、保護者の育児不安を中心とした内容になっていますが、「親子のための相談LINE」を実施している自治体も多くあります。これは、子育てや親子関係について悩んだときに、子ども（18歳未満）とその保護者などが相談できる窓口です。

2　自治体によって名称は異なりますが、安心して出産を迎えられるように出産を控えた夫婦などを対象として、妊娠中の過ごし方、赤ちゃんのお風呂の入れ方、父親の役割などを教える教室を自治体が開催しています。

3　「費用対効果」は、答弁でよく用いられるフレーズなので、覚えておくと便利です。

ここがポイント！

他自治体の取組みを例にした提案の質問はよくあります。「動向を注視」もまた頻出の答弁フレーズです。

6

提案にキッパリと
反対する答弁 〈ハザードマップの配布〉

●ポイントフレーズ

実施する考えはありません。

●議員からの質問例

近年、地震だけでなく台風や大雨による風水害が問題となっている。市民の風水害への意識を高めるためにも、高潮ハザードマップを全戸配布してはどうか。

答弁組み立ての「型」

❶ 質問を確認する

端的に「ハザードマップ全戸配布」について答えることを告げます。

▼

❷ 経過を説明する

ハザードマップの経過や現状などについて説明します。

▼

❸ 結論を述べる

提案に課題があることに触れ、結論を述べます。

▼

❹ 決意表明を述べる

答弁を補足する形で、今後の取組みについて決意表明をします。

答弁原稿例

　高潮ハザードマップ[1]の全戸配布に関するご質問についてお答えします。

　昨年作成しました高潮ハザードマップにつきましては、現在、本庁舎や出張所などで受け取ることが可能となっております。

　また、市のホームページにおきましても、その内容を掲載するとともに、各地域の状況や注意点などが明確となるように、表示方法等に工夫を講じているところであります。インターネットを通じて、誰もが簡単にアクセスでき、また各地域の情報を確認することができることから、わかりやすいとの声もいただいております。

　このため、高潮ハザードマップにつきましては、市民の方々に一定の周知が図られているものと認識しております。

　ご提案の全戸配布には多額の予算が必要となることもあり、**現段階では、**[2]**高潮ハザードマップの全戸配布を実施する考えはありません。**

　なお、現在の取組みにつきましては、市といたしましても積極的に広報を行い、高潮ハザードマップの周知に努めてまいります。

　今後も、市民の方々が安心して暮らすことができるよう、必要な情報を提供し、引き続き安全安心のまちづくりを推進してまいります。[3]

CHECK !

1　高潮ハザードマップは、高潮による被害が想定される区域とその程度を地図で示したものです。避難場所・避難経路等の防災関連情報も掲載されています。

2　「現段階では」との文言を入れることで、「現在は実施しないが、今後実施する可能性がある」ことを示唆しています。例えば、野党議員からの提案の場合、「実施しない」と明確に答弁してしまうと、方針転換が難しくなります。このため、方針転換する可能性がある際は、「現段階では」と入れておくと無難です。

3　結論の後に、決意表明を述べます。この場合、答弁に対する補足の役割も果たしています。

ここがポイント！

「何もしないのか」と誤解を招かないよう、「実施する考えはありません」と答えた後で補足し、姿勢を明確にします。

第5章　「政策・事業等を提案されたとき」の答弁書

105

7

提案にやんわりと
反対する答弁 〈戦争体験の継承〉

◉ポイントフレーズ

今後の研究課題の1つと認識しております。

◉議員からの質問例

戦争の悲惨さを後世に伝えるための取組みとして、市として
バーチャルリアリティーなどで仮想体験できる仕組みを構築
すべきと考えるが、市の考えはどうか。

答弁組み立ての「型」

❶ 質問を確認する

端的に「戦争体験の継承」について答えることを告げます。

▼

❷ 経過を説明する

これまでの経過などについて説明します。

▼

❸ 結論を述べる

提案に課題があることに触れ、結論を述べます。

▼

❹ 決意表明を述べる

答弁を補足する形で、今後の取組みについて決意表明をします。

答弁原稿例

　戦争の悲惨さを後世に伝えるための取組みについてお答えします。終戦から75年以上が経過し、年々、戦争を体験された方々が減少しております。そのため、当時の様子や暮らしぶりについて、経験者から直接、具体的で臨場感のある話を聞ける機会が少なくなっていくことは、本市だけでなく我が国にとっても大きな課題であると認識しております。

　現在、インターネットを活用し、<u>バーチャルミュージアム</u>[1]やバーチャル平和祈念館などを開設し、当時の写真や映像、体験談などをパソコンやスマートフォン等で常日頃から見聞できる取組みを実施している自治体もあると聞いております。

　このような技術を活用して、戦争の悲惨さや平和の尊さを後世に語り継ぐことは、国民の大半が戦争の惨禍を知らない世代となる中で、重要なものと認識しております。<u>一方で</u>[2]、既にご指摘のようなサイトが存在し、インターネットを活用すれば、誰でもこうした経験ができることなどもあることから、市独自で仕組みを構築することにつきましては、<u>今後の研究課題の１つと認識しております</u>。<u>平和都市であることを宣言する本市</u>[3]では、再び戦争の惨禍を繰り返してはならないことを強く世界の人々に訴えるとともに、今後も平和都市の趣旨普及に努め、市民の皆様に戦争の悲惨さを語り継ぎ、平和の尊さを訴えてまいります。

> **CHECK！**
>
> 1　バーチャルミュージアムとは、誰もが、いつでも、どこからでも、資料や点字を鑑賞できるウェブコンテンツです。パソコンやスマートフォン、タブレットを通して、バーチャルの展示室を巡ることができます。
>
> 2　提案の意義を認めつつも、課題があることを指摘する際に「一方で」をよく使います。
>
> 3　人々が等しく平和に暮らせる世界の実現や、核兵器の廃絶などを願って自治体が宣言することがあります。日本非核宣言自治体協議会のホームページによると、こうした宣言を行っている自治体は1664団体となっており、多くの自治体で用いることができます。

ここがポイント！

「研究する」は、あくまで研究なので、結果は問われません。 結果が問われる「検討する」と異なる点です。

「行政の認識を問われたとき」の答弁書

認識があることを強く
アピールする答弁 〈特養施設の整備〉

◉ポイントフレーズ

市としても重大な課題であると認識しております。

◉議員からの質問例

特別養護老人ホームの待機者が1200人を超えている。長期計画では今後5年間で3施設の新設を予定しているが、合計で500人にしかならない。もっと、整備を増やすべきと思うが、市の認識は。

答弁組み立ての「型」

❶ 質問を確認する

端的に「特別養護老人ホームの整備」について答えることを告げます。

▼

❷ 経過を説明する

これまでの整備状況について説明します。

▼

❸ 結論を述べる

はっきりと認識があることを示します。

▼

❹ 決意表明を述べる

今後の対応について決意表明を述べます。

答弁原稿例

特別養護老人ホームの整備に関するご質問についてお答えします。

特別養護老人ホームの整備につきましては、最近では**令和3年に○○、4年に△△、5年に◇◇、そして令和7年開設を目途に××で整備を進めている**[1]ところでございます。本市の整備状況でございますが、高齢者人口に対する整備率では、本市は県内におきまして、3番目の整備状況となっており、整備水準はトップクラスと考えております。

しかしながら、要介護認定者の誰もが申請でき、在宅サービスに比べて割安感があることから入所希望者が急増し、**現在の待機者数が1200人を超えていることはご指摘のとおりであります。現在の長期計画におきましては、今後3年間で約500床の施設整備を見込んでおりますが、全員入所は困難であります。**[2]

今後、ますます高齢化が進行する中で、特別養護老人ホームの整備が極めて重要であり、**市といたしましても重大な課題であると認識しております。**

このため、市有地の活用はもちろんのこと、県有地や民有地の活用も含め、**あらゆる方策について検討してまいります。**[3]同時に、介護保険制度が目指す在宅重視の基本的な考え方に基づき、在宅で安心して暮らせる体制の整備につきましても、併せて推進してまいります。

CHECK！

1　行政側の成果をアピールしたい場合、このように年ごとの実績をアピールすることも有効です。ただ、あまり細かく説明すると冗長に聞こえてしまうこともあるので、注意が必要です。

2　このように具体的な数値を示したほうが、理由や根拠を明確にすることができます。

3　行政がとにかく様々な可能性を探っていることを明確にする場合に、よく用いられる表現です。

第6章　「行政の認識を問われたとき」の答弁書

ここがポイント！

認識を示すだけでなく、課題として認識する理由を述べます。今後の対応にも言及することが一般的です。

認識しつつも、課題があることを伝える答弁 〈新庁舎建設〉

◉ポイントフレーズ

重要な課題と認識しておりますが、他の○○などへの影響も十分考慮する必要があると考えております。

◉議員からの質問例

庁舎の老朽化が進行しており、現在の庁舎では、災害時への対応の際に支障が出るのではないか。新しい庁舎の建設を検討すべきと思うが、市の認識を問う。

答弁組み立ての「型」

❶ 質問を確認する

端的に「新しい庁舎の建設」について答えることを告げます。

▼

❷ 経過を説明する

現庁舎建設以降の経過について説明します。

▼

❸ 課題を述べる

新しい庁舎の建設に伴う課題を述べます。

▼

❹ 結論を述べる

認識を示しつつも、課題があることを述べて締め括ります。

答弁原稿例

新しい庁舎の建設についてお答えします。

本庁舎につきましては、<u>1972年に建設され、既に50年以上が経過しております。2011年の東日本大震災発生後に耐震診断を行ったところ、耐震性能の不足が指摘されたことから、2013年から耐震補強工事を行いました。</u>[1] このため、現在のところ、現庁舎に大きな問題はないものと考えております。

しかしながら、建設当時は、水害や地震などの災害に耐え、最新の設備と十分な執務スペースを備えていた現庁舎も、<u>人口増加や行政需要の増大、IT機器の導入等により、狭隘化が進んでおります。また、空調、照明設備などの老朽化に伴い、エネルギー消費等、環境面の課題もあるなど、耐震性能以外にも多くの問題を抱えております。</u>[2] 今後、庁舎維持にかかるランニングコストの一層の増加も見込まれる中では、ご指摘のように、新庁舎の建設も必要となってまいります。

しかし、建設には多額の経費が必要であります。現在は新型コロナの後遺症により、完全に経済が持ち直したと言える状況になっておりません。また、新庁舎建設について、<u>議会をはじめ、市民の協力が不可欠であることは、もちろんのことであります。</u>[3]

このため、<u>新庁舎建設は重要な課題と認識しておりますが、市民の理解や他の事業などへの影響も十分考慮する必要があると考えております。</u>

CHECK！

1 経過を説明する際には、具体的な年月などを示して、時系列で答弁したほうがわかりやすくなります。

2 具体的な課題が多数ある場合は、このように羅列したほうが答弁を聞いている議員にとっては、わかりやすくなります。行政側の職員にとっては当たり前のことであっても、議員にはそのような認識がないことも多々あります。

3 住民の代表である議会を重視していることを示すためにも、こうした表現はよく用いられます。同じような趣旨のフレーズとして、「議会のご協力を得ながら」「議会と共に」などがあります。

ここがポイント！

すぐに対応することが難しい場合にこのような答弁になりますが、理由は1つでなく、複数用意するのが一般的です。

質問者の認識を肯定し、理由を詳説する答弁 〈行政評価制度の見直し〉

◉ポイントフレーズ

○○などへの影響もあることから、市といたしましても重要な課題と認識しております。

◉議員からの質問例

再来年度、現在の長期計画の最終年度を迎える。このため、新たに計画を策定することになると思うが、同時に行政評価制度についても見直しが必要と考える。市の認識は。

答弁組み立ての「型」

❶ 質問を確認する

端的に「行政評価制度の見直し」について答えることを告げます。

▼

❷ 経過を説明する

現在の行政評価制度の内容などについて説明します。

▼

❸ 結論を述べる

重要な課題であることを述べます。

▼

❹ 理由を述べる

重要な課題と考える理由について述べます。

答弁原稿例

　行政評価制度の見直しに関するご質問についてお答えいたします。

　現在の行政評価制度は、現行の長期計画策定と同時に仕組みを構築いたしました。職員自らが行う内部評価と、有識者や公募市民など外部の者が行う外部評価の2本立てとなっております。評価結果が次年度の予算編成に反映されるシステムとなっていることから、**効果的な仕組みであると考えております。**[1]

　しかしながら、議員ご指摘のとおり、行政評価制度の見直しにつきましては、**効率的な行財政運営の実現などへの影響もあることから、市といたしましても重要な課題と認識しております。**

　具体的には、現在の内部評価は、文章による評価が中心となっていることから、**KPI**[2]などとの関連性が弱いとの指摘がございます。また、現在では、内部評価と外部評価を統合し、最終評価をまとめておりますが、いわゆる両論併記のような記述も見られることから、評価結果が厳格に予算編成に反映されているとは言い難い面もございます。

　さらに、最近ではSDGsなど社会状況の変化もあり、こうしたものをいかに行政評価制度に反映させるかという課題もございます。いずれにいたしましても、現在、このような複数の課題がありますので、行政評価制度の見直しについて、今後検討してまいります。

CHECK !

1　議員から指摘されて見直す場合であっても、単に現在の内容を否定するのではなく、これまでの成果などをアピールします。こうした表現がないと、「議員から指摘されたから見直した」という印象が残ってしまいます。

2　Key Performance Indicator の略で、目標を実現するための重要な業績評価の指標を言います。
　総合計画や基本構想に基づき、分野別に政策や施策段階でKPIを設定し、それに基づき各分野の進捗状況を管理していきます。また、毎年、この数値を公表し、行政運営の状況を詳らかにしています。

ここがポイント！

認識が質問者と同じでも、課題としている理由は異なる場合もあるため、行政としてハッキリと理由を説明することも重要です。

4

質問者の認識を肯定し、経過を伝える答弁 〈いじめ対応〉

●ポイントフレーズ

これまで市といたしましても、○○、△△などの対応を行ってきており、重要な課題と認識しています。

●議員からの質問例

依然として、本市ではいじめが発生している。最近では増加傾向にあり、看過できない問題である。今後、学校現場だけでなく、市としてさらなる対応が必要と思うが、市の認識は。

答弁組み立ての「型」

❶ 質問を確認する

端的に「いじめ問題」について答えることを告げます。

▼

❷ 経過を説明する

これまでに行ってきた対応の経過について説明します。

▼

❸ 結論を述べる

市として重要な課題と認識していることを述べます。

▼

❹ 決意表明を述べる

市は、教育委員会と連携して対応していくことを述べます。

答弁原稿例

<u>いじめ問題</u>[1]に対するご質問についてお答えいたします。

いじめ問題につきましては、**これまで市といたしましても、「いじめ対策教員」の配置、「いじめ防止対策推進条例」の制定などの対応を行ってきており、重要な課題と認識しているところであります。**

2019年、本市では、市立中学校の生徒が、いじめを主要因として自死するという大変痛ましい出来事がありました。これを受け、全小中学校に「いじめ対策教員」を配置いたしました。「いじめ対策教員」は、いじめの未然防止、早期発見・早期対応、発生時の対応に専任し、校内のミドルリーダーとして指導力を発揮できる教員が担っており、本市の特徴的な施策の1つとなっております。

また、市全体でいじめ対策に関する関心が高まったこともあり、2021年には、**いじめ防止対策推進条例**[2]を制定いたしました。市、教育委員会、学校、教職員、保護者の責務や市民等の役割を明確にし、いじめに対して当事者意識を持って取り組んでいくことが明記されております。

しかしながら、最近のいじめ件数が増加していることは、議員のご指摘のとおりであります。このため、**市といたしましては、教育委員会とも連携を図り、今後の対応について検討してまいります。**[3]

CHECK !

1　文部科学省では「児童生徒の問題行動・不登校等生徒指導上の諸課題に関する調査」を行い、その結果を発表しています。その中に、小学校、中学校、高等学校及び特別支援学校におけるいじめの状況等が記載されています。

また、自治体でもいじめ件数などを発表しています。

2　こうした条例を制定している自治体は複数あります。

3　小中学校におけるいじめ問題への対応であれば、教育委員会が答弁します。しかし、ここでは学校現場だけでなく、市全体としての取組みについて質問されているので、首長部局が答弁しています。

ここがポイント！

端的に答えると「重大な課題と認識」のみになるため、経過を述べて答弁を引き延ばすこともあります。

5

質問者の認識をキッパリと否定する答弁 〈パートナーシップ制度〉

◉ポイントフレーズ

○○とのご指摘ですが、そのような認識はございません。

◉議員からの質問例

同性婚は法律で認められていないにもかかわらず、自治体が独自でパートナーシップ制度を設けることは、憲法違反ではないか。

答弁組み立ての「型」

❶ 質問を確認する

端的に「パートナーシップ制度」について答えることを告げます。

▼

❷ 経過を説明する

これまでの県や国の動向について説明します。

▼

❸ 理由を説明する

裁判所の判決を引用し、理由を述べます。

▼

❹ 結論を述べる

「憲法違反との認識はない」ことをハッキリと述べます。

答弁原稿例

パートナーシップ制度[1]と憲法との関係について お答えいたします。

先般、県はパートナーシップ宣誓制度を創設し、本年10月1日より運用を開始するとのことであります。その目的として、性自認及び性的指向を理由とする不当な差別の解消並びに啓発等の推進を図ることを規定しています。

国会では、2018年4月に出された「同性婚は憲法第24条第1項に反し、違憲であるか」との質問主意書に対して、政府は同年5月、「同性婚の成立を認めることは想定されていない」旨の回答をしております。しかしながら、「違憲である」との見解は示されておりません。また、「同性婚を認めるか否かは、我が国の家族の在り方の根幹に関わる問題であり、極めて慎重な検討を要する」との見解も示されております。

現在、同性婚訴訟が提起されており、5か所の地方裁判所で判決が出され、憲法第24条には同性婚は想定されていないとの判断が示されました。併せて、同性愛者にも婚姻に準ずる制度を構築することは禁止されていないとの解釈も示されております。自治体が独自でパートナーシップ制度を設けることは、憲法違反ではないかとのご指摘ですが、そのような認識はございません。今後も、引き続き裁判や国の動向を注視してまいります。[2]

CHECK！

1　「パートナーシップ制度」は、同性同士の婚姻が法的に認められていない日本で、自治体が独自にLGBTQカップルに対して「結婚に相当する関係」とする証明書を発行し、様々なサービスや社会的配慮を受けやすくする制度です。メリットには、病院で家族と同様の扱いを受けられる、公営住宅への入居に家族として入居可能、生命保険の受け取りにパートナーを指定することができる、民間の家族割などがあります（「みんなのパートナーシップ制度」ホームページより抜粋）。

2　「そのような認識はございません」で答弁が終わると否定の印象が強く残ってしまうため、こうした文章で締め括り、否定のトーンを弱めます。

第6章　「行政の認識を問われたとき」の答弁書

ここがポイント！

質問者の認識を否定する際には、引用条文や判決内容などを具体的に示し、明確な理由を挙げます。

質問者の認識をやんわりと否定する答弁 〈口腔ケアセンターの整備〉

◉ポイントフレーズ

他に優先すべき課題があると認識しております。

◉議員からの質問例

ねたきり等の在宅療養者の中には、地域の歯科医院で治療を受けることが困難な人もいる。このため、こうした市民の歯科診療や口腔ケアを行う口腔ケアセンターの整備が必要と考えるが、市の認識は。

答弁組み立ての「型」

❶ 質問を確認する

端的に「口腔ケアセンターの整備」について答えることを告げます。

▼

❷ 認識を表明する

歯科診療と口腔ケアの重要性に対する認識を表明します。

▼

❸ 課題を説明する

現在の事業やその課題を説明します。

▼

❹ 結論を述べる

他に優先すべき課題があるとして、質問者の認識を否定します。

答弁原稿例

口腔ケアセンター[1]の整備についてであります。

歯科治療や口腔ケアは、市民が自分の口でおいしく食べ、生きがいのある暮らしを続ける等、生活の質の向上に重要であると認識しております。このため、かかりつけ歯科医のいない在宅療養者が、身近な地域で適切に歯科治療が受けられることを目的に、**かかりつけ歯科医紹介事業**[2]を歯科医師会に委託しております。

これは、往診による治療、通院で治療を受けることのできる歯科医を紹介するもので、昨年度は、98名の市民がこの事業を利用し、訪問や通院、さらに必要に応じて専門医療機関への紹介等で歯科治療を受けております。

また、口腔ケアについては、その普及を目的に、訪問看護ステーションやケアマネジャー等を対象に、講習会等を実施しております。昨年度は、12回開催し、**参加者からは、「口腔ケアの重要性を理解でき、実際に療養者に対応することができた」などの声もいただいております。**[3]

しかしながら、こうした講習会並びにかかりつけ歯科医紹介事業は、まだ十分に浸透しているとは言えない状況となっております。このため、口腔ケアセンターの整備よりも、まずは現在実施している事業の周知徹底など、**他に優先すべき課題があると認識しております。**

1　自治体によって名称は異なりますが、こうしたセンターを整備している例があります。

　障害者（児）歯科診療の特別な研修を受けた歯科医師などが、障害者（児）歯科診療、口腔ケア（歯と口の中の手入れ）などを行います。

2　心身に障害のある人・ねたきりの人で一般の歯科医院等での治療が困難な人を対象に、往診による治療、通院で治療を受けることのできる歯科医を紹介する事業を指します。

3　このように、実際の住民の声を答弁の中で紹介するということはよくあります。ただし、その際には偏った意見を取り上げないなど、妥当性・客観性が求められます。

ここがポイント！

「他にやるべき課題があります」という消極的な否定です。状況が変化すれば認識が変わることもあります。

認識があることを伝え、事業実施に踏み込む答弁 〈中小企業支援〉

◉ポイントフレーズ

○○については市としても重大な課題であると認識しており、今後の事業化に向けて取り組んでまいります。

◉議員からの質問例

現在の物価高騰の中、中小企業の状況は厳しいものがある。特に資金調達に苦慮していると考えるが、市の認識はどうか。

答弁組み立ての「型」

❶ 質問を確認する

端的に「中小企業に対する認識」について答えることを告げます。

▼

❷ 経過を説明する

これまでの中小企業の状況などを述べます。

▼

❸ 結論を述べる

重大な課題であると認識していることを述べます。

▼

❹ 決意表明を述べる

事業化に対する決意を表明します。

答弁原稿例

　中小企業の現状に対する市の認識についてお答えします。最近の中小企業の現状を見ますと、2020年には新型コロナウイルス感染症流行による経済社会活動の停滞により、**業況判断指数**[1]は急速に低下し、リーマン・ショック時を超える大幅な低下となりました。その後、2021年以降は上昇と低下を繰り返して現在に至るとともに、2020年以降は、**廃業率が開業率を上回る状況が続いております**。[2]

　また、本年4月に実施いたしました「中小企業景況調査」の結果を見ましても、**景況感**[3]は回復していないとの回答が多く、ご指摘の資金調達につきましてその対応を求める意見が多く寄せられており、中小企業の状況には厳しいものがあるものと認識しております。

　特に、ベンチャー企業の多くは、物的担保が少ないため、成長途上の段階で必要な資金を得られず、存続が困難になるという、いわゆる死の谷と言われる状況に直面し、苦しんでおります。

　また、企業再生を果たそうとしても、必要な資金の融資を受けることができず、再生の見込みがありながら、機会を逸している企業も少なくありません。

　こうした融資による資金調達が困難な中小企業を支援していくことは、市内の産業を活性化する上で、**重大な課題であると認識しており、今後の事業化に向けて取り組んでまいります**。[4]

CHECK！

1　業況判断指数とは、企業の業況感を数値化した指標。日本銀行が年4回発表している全国企業短期経済観測調査（短観）の調査項目の1つです。景気が「良い」と答えた企業から「悪い」と答えた割合を引いて算出する。業況判断DIとも言います。

2　開業率・廃業率のデータは、市町村・都道府県・国別のデータが存在します。

3　景況感とは、景気に対して当事者たちが感じる印象のこと。自治体では「中小企業景況調査」などの名称で調査をすることがあります。

4　ここでは「事業化」としていますが、「支援策について検討してまいります」なども考えられます。

ここがポイント！

行政側から事業化まで明言するのは、かなり踏み込んだ答弁になります。答弁の際には、注意が必要です。

認識があることを伝え、事業の検討を伝える答弁 〈子育て支援〉

●ポイントフレーズ

○○については、市といたしましても重大な課題と認識しており、今後の対応について検討してまいります。

●議員からの質問例

少子化対策にも有効なことから、これまで以上に子育て世帯が市営住宅や民間住宅に入居しやすくなるように、子育て世帯に対する住宅の提供を拡充すべきと考えるが、市の認識は。

答弁組み立ての「型」

❶ 質問を確認する

端的に「子育て世帯への住宅提供」について答えることを告げます。

▼

❷ 結論を述べる

冒頭に結論を述べ、質問者への同意を示します。

▼

❸ 経過を説明する

これまでの市の取組みなどの経過について説明します。

▼

❹ 決意表明を述べる

今後の対応について、決意を述べます。

答弁原稿例

　子育て世帯に対する住宅提供の促進についてのご質問にお答えします。**議員ご指摘のとおり、子育て世帯の住宅政策については、少子化対策への効果もあることから、市といたしましても重要な課題と認識しており、今後の対応について検討してまいります。**[1]

　市営住宅におきましては、これまでひとり親世帯や18歳未満の子どもが3人以上いる多子世帯に対し優先入居を行うとともに、若年ファミリー世帯や多子世帯向けに期限つき入居を導入してまいりました。

　昨年度は98世帯の入居実績があり、入居者からは「助かった」「生活が楽になった」とのお声をいただいており、**一定の効果があったと考えております。**[2]

　しかしながら、現在、依然として市営住宅に空き室もあることから、**今後、さらに小学校就学前の子どものいる世帯を対象とした優先入居など、子育て支援の観点から、市営住宅のさらなる活用について検討を進めてまいります。**[3]

　また、民間住宅につきましては、子育て世帯に適した広さと価格の住宅の供給促進に向けて、不動産関係団体等との連絡会を活用し、適切な品質情報の提供を促すなど、**中古住宅の流通を活性化する仕組みついて、検討してまいります。**[3]こうした多面的な取組みにより、子どもを安心して産み育てられる住まいの確保を積極的に支援してまいります。

CHECK！

1　冒頭に結論を述べることで、質問者に同意していることが明確になります。これにより、その後、時間をかけて経過などの説明を行うことができます。

2　これまでの取組みをアピールする表現です。

3　今回の答弁では、公的住宅（市営住宅）と、民間住宅の2つに分けて述べています。このため、事業の検討についても、それぞれに分けて答えています。

ここがポイント！

認識だけでは物足りない答弁に聞こえるため、こうした答弁をする際は、あくまで事業は例示にとどめます。

9

首長の次期選挙への出馬を表明する答弁 〈出馬表明〉

◉ポイントフレーズ

今後、○○など市政の重要課題を解決するため、次期△△選に出馬する決意をいたしました。

◉議員からの質問例

来年4月の統一地方選挙への再出馬への決意について、市長の考えを伺う。

答弁組み立ての「型」

❶ 質問を確認する

端的に「出馬の決意について」答えることを告げます。

▼

❷ 認識を表明する

依然として、市政には課題があることを述べます。

▼

❸ 結論を述べる

次期選挙へ出馬する旨を、はっきりと伝えます。

▼

❹ 決意表明を述べる

出馬にあたっての決意表明を述べます。

答弁原稿例

　来年4月の統一地方選挙への出馬の決意について<u>お答えします。</u>[1]

　これまで、2期8年にわたり、市議会・市民の皆様のご支援・ご協力をいただきながら、市政を運営してまいりました。しかしながら、本市には依然として、様々な行政課題が存在しております。

　アフターコロナ対策については、今後コロナと共存していかなくてはならない時代の中で、この間、弱体化してしまった地域コミュニティの再生と活性化をいかにして実現していくかが課題となっております。また、防災対策につきましては、今後30年以内に70％の確率で発生すると言われている首都直下地震への対応はもちろんのこと、例年、被害を増している風水害も喫緊の課題であり、ハード・ソフト両面にわたる対策が急務と認識しております。

　さらに、福祉や環境などの課題も残されており、<u>こうした市政の重要課題を解決するため、次期市長選に出馬する決意をいたしました。</u>生まれ育ったこのまちを、胸を張って誇れるまちにするには、まだまだやるべきことが数多く残されていると認識しております。そのため、<u>市民の皆様、市議会のご意見に謙虚に耳を傾け、ご協力を仰ぎながら、引き続き、市政を担ってまいりたいと考えており</u>[2]、来春執行予定の市長選挙に出馬し、市民の審判を受けたいと考えております。

1　このような出馬の意思について、議会の本会議で表明することは、よくあることです。

　この場合、与党第一党の代表質問の中で行われます。与党第二党以下や、野党からの質問への答弁では、格好がつかないからです。このため、質問するタイミングなどは、首長と与党の中で、すり合わせが行われます。

　一般的には、選挙のある前年の第3回か第4回定例会（9〜12月）の間に行われることがほとんどでしょう。

2　こうした表現は、決まり文句といってもよいでしょう。

ここがポイント！

　「依然として市政には解決すべき課題があるから出馬する」のが一般的です。課題がなければ出馬しません。

首長の次期選挙への不出馬を表明する答弁 〈不出馬表明〉

◉ポイントフレーズ

熟慮に熟慮を重ねた結果、○○選挙に出馬しないことといたしました。

◉議員からの質問例

来年4月の統一地方選挙における市長選挙への対応について、市長の考えを伺う。

答弁組み立ての「型」

❶ 質問を確認する

端的に「市長選挙への対応」について答えることを告げます。

▼

❷ 結論を述べる

次期選挙へ出馬しない旨を、はっきりと伝えます。

▼

❸ 経過を説明する

不出馬を決意するまでの経過について説明します。

▼

❹ 決意表明を述べる

任期の最後まで、全力を尽くすことを表明します。

答弁原稿例

　次期市長選挙への対応についてお答えいたします。

　これまで３期12年にわたり、議員各位をはじめ、市民の皆さんのご支援の下、市政運営の先頭に立たせていただきました。このことにつきまして、改めて深く感謝申し上げます。**熟慮に熟慮を重ねた結果、私は次期市長選挙に出馬しないことといたしました。**[1] 今期をもって、市長の職から身を引く決意を固めました。

　本年４月、次期総合計画の策定が本格的に始まり、市議会各会派から多くのご提言をいただくとともに、パブリックコメントやワークショップ、市長ミーティングなどを重ね、策定作業を進めてまいりました。

　一方、記録的豪雨となった台風18号は、土砂崩れや道路寸断による集落の孤立、停電、床上、床下浸水など、国の激甚災害の指定を受けるほどの災害を本市にもたらしました。なかでも断水被害は、多くの市民の皆さんの日常生活に支障をきたし、大変ご迷惑をおかけする事態となりました。市長として、その責任を重く受け止めております。

　この３か月の間、私は今後の市政継続の意欲と、このたびの災害対応の責任との間で葛藤の日々を過ごしてまいりました。[2] 自問自答を繰り返し、本日の決断に至ることとなりました。最後になりますが、任期の最後まで全力を尽くしてまいりますので、何卒議員各位のご理解、ご協力をお願い申し上げます。

CHECK！

1　不出馬表明の際は、冒頭に結論を述べることが一般的です。結論である不出馬を先に述べ、その理由を後で説明したほうが、聞いている議員にとってもわかりやすくなります。
　反対に、出馬表明の際には、「まだ課題がある」ことを先に述べ、「だから出馬する」という構成になることが多いです。

2　単に「出馬しません」だけの表明では、議員も住民も納得しません。このため、不出馬を判断するまでの葛藤について述べることが必要です。

ここがポイント！

不出馬にも大義名分が必要です。また、協力してくれた議員や住民に対して感謝を述べることも一般的です。

129

「議員の持論・主張に答えるとき」の答弁書

第7章

質問者の主張にハッキリと賛成する答弁 〈官民連携〉

◉ポイントフレーズ

ご指摘のとおりであります。

◉議員からの質問例

水辺を活かした観光を活性化させるためには、本市単独の取組みだけではなく、他市や民間事業者との連携も重要と考えるが、市の認識は。

答弁組み立ての「型」

❶ 質問を確認する

端的に「官民連携」について答えることを告げます。

▼

❷ 結論を述べる

質問者の主張に賛成することを述べます。

▼

❸ 経過を説明する

これまでの市の取組みの経過などを説明します。

▼

❹ 決意表明を述べる

今後も観光の活性化に取り組んでいくことを明確にします。

答弁原稿例

　水辺を活かした観光における他市や民間事業者との連携についてお答えします。

　観光の活性化は、消費の増加など、本市経済への影響もあることから、重要な課題と認識しております。市内に複数の河川があり、また海岸に面する本市にとりましては、他市や民間事業者など、多岐にわたる連携が重要であることは、<u>ご指摘のとおりであります。</u>

　このため、○○川推進協議会や○○川流域舟運観光連絡会等に参加し、県や近隣市、**観光協会**[1]、NPO 等と情報交換及び連携を図っております。

　また、△△市と共同で実施した舟運事業化検討調査や、観光協会が本年３月に実施した◇◇市との舟運観光事業など、豊富な社会実験を実施してまいりました。今後は、その検証結果を踏まえて、水辺のにぎわいの創出に向けた舟運の事業化や、積極的なプロモーションを実施してまいります。

　さらに、水辺のにぎわいを創出するために、舟運の活性化に向けた**防災船着場**[2]の一般開放や、水辺歩きの楽しさを倍増させるよう、○○川沿いの遊歩道整備にも取り組んでまいりました。

　自治体間の広域連携をはじめ、観光関連団体や民間事業者等とも一体となり、情報発信力の強化を図り、水辺の魅力やにぎわいの創出に向け、<u>さらなる観光の活性化に取り組んでまいります。</u>[3]

CHECK！

1　国や自治体などの公的機関と、営利を目的とする民間企業との中間的な存在として、公益的な観光事業を推進する目的で設立される団体。
　都道府県単位、市町村単位で構成される協会があり、地域の観光資源を活用した観光事業の開発、観光事業者の支援など、地域の観光地域づくりを推進する役割を担っています。

2　防災を目的とした船着場。大地震などの災害時において、陸上輸送に代わり、河川を利用した緊急物資の輸送と物資の荷役、人員の輸送を円滑に行うために、背後に多くの住民が生活する都市河川に整備されています。

3　最後に決意表明を加えることで、議員への賛意を強く示すことができます。

ここがポイント！

「ご指摘のとおりであります」と文を締め括ることで、より強く賛成の意思を明確にできます。

133

質問者の主張に消極的に賛成する答弁 〈手話言語条例の制定〉

◉ポイントフレーズ

課題の１つと認識しております。

◉議員からの質問例

手話言語及び障害者の意思疎通に関する条例の制定が必要と考えるが、市の認識は。

答弁組み立ての「型」

❶ 質問を確認する

端的に「手話言語条例の制定」について答えることを告げます。

▼

❷ 認識を表明する

条例の制定に限らず、自治体に求められている内容を説明します。

▼

❸ 経過を説明する

他の自治体の動向などについて説明します。

▼

❹ 結論を述べる

課題の１つであるとの結論を述べます。

答弁原稿例

手話言語[1]及び障害者の意思疎通[2]に関する条例の制定についてであります。

すべての市民が障害の有無にかかわらず、社会活動に参加し、安心して心豊かに暮らすためには、互いの意思及び感情を伝え合う障害者の意思疎通を促進することが重要であり、日常生活及び災害時において、障害特性に配慮した意思疎通手段の利用環境を整備することが求められております。

また、手話は、障害者の権利に関する条約の採択及び障害者基本法の改正により、言語として位置づけられており、手話を言語として普及するとともに、手話、要約筆記、点字などによる障害者の意思疎通を促進していくことも必要であります。

こうしたことから、手話が言語であることを普及することや、障害特性に配慮した意思疎通手段の利用環境を整備して障害者の意思疎通を促進すること、さらにすべての市民が障害の有無にかかわらず、互いに分け隔てなく理解し合い、共生する地域社会の実現を目指すことなどを目的とした条例が、多くの自治体で制定されております。

条例の制定にあたっては、障害者本人やご家族、また障害者団体など、多くの意見を聞く必要があることや、既存の条例との関係などもある[3]ことから、条例制定は課題の１つと認識しております。

CHECK!

1 手話は独自の文法を持つ言語です。日本では、2011年の障害者基本法の改正により、手話が言語であると位置づけられました。2013年に全国で初めて鳥取県が手話言語条例を制定し、その後、多くの自治体で条例が制定されています。

2 障害者との意思疎通の手段として、手話通訳、要約筆記（話し手が話す内容を要約し、ノートやパソコン等で文字として伝える）、代筆・代読、点訳、音声訳、直接本人に接触する触覚手話、指点字、指文字などがあります。

3 このような課題については、あまり具体的に書かないことがあります。課題を明確にしてしまうと、次の機会に再質問される可能性が高くなることがあります。

ここがポイント！

最終的には消極的な答弁になりますが、意義はあるため、その点を結論の前に協調しておくことが重要です。

3

質問者の主張にキッパリと
反対する答弁 〈保育園の民間委託〉

◉ポイントフレーズ

ご指摘はあたらないものと認識しております。

◉議員からの質問例

市立保育園の民間委託では、営利を目的とする株式会社が指定管理者になることも想定されている。これは保育の質の低下につながると考えるが、市の認識は。

答弁組み立ての「型」

❶ 質問を確認する

端的に「保育園の民間委託」について答えることを告げます。

▼

❷ 経過を説明する

指定管理者の導入の経過などを説明します。

▼

❸ 認識を表明する

保育園の指定管理者導入に対する認識を表明します。

▼

❹ 結論を述べる

質問者の指摘に反対することを述べます。

答弁原稿例

　市立保育園の民間委託についてお答えします。**指定管理者制度**[1]は、多様化する住民ニーズに、より効果的・効率的に対応するため、公の施設の管理に民間の能力を活用し、住民サービスの向上と経費の削減等を図ることを目的とするものです。

　このため、市といたしましては、指定管理者導入に関する年次計画を策定し、図書館、児童館、福祉センター、自転車駐車場などに順次導入を推進しているところであります。保育園につきましても、令和○年度以降の4年間で毎年1園ずつ、指定管理者制度を順次導入してまいります。移行にあたっては、在園児へ負担を与えることのないよう、2年間の準備期間を設け、合同保育等の丁寧な実施に努めてまいります。

　なお、保育園の指定管理者につきましては、社会福祉法人だけでなく、株式会社もその対象としております。保育園運営の実績のある株式会社が多数あること、また、他自治体でも株式会社を活用している事例が多数あることが、その理由であります。

　指定管理者の選定[2]においては、運営実績や保育士の確保・育成、質の高い保育サービスの継続的・安定的な提供が可能であるかなど、様々な観点から評価、選定にあたっており、株式会社の参入が保育の質の低下につながるとの**ご指摘はあたらないもの**と認識しております。

CHECK！

1　指定管理者制度は、「公の施設」の管理運営を行う民間事業者等を「指定管理者」として指定することにより、民間のノウハウを活用しつつ、サービスの向上と経費の節減等を図ることを目的とした制度です。

　「公の施設」とは、公共の福祉を増進するために住民が利用する施設で、具体的には、文化・教育・福祉施設、公園、公営住宅、スポーツ施設などがあります。

2　指定管理者を選定する場合、庁内で選定委員会のような組織を設けることが一般的です。選定の結果や経過については、ホームページなどで公表されます。

ここがポイント！

似た表現として、「○○とのご指摘ですが、市としましてはそのような認識ではございません」もあります。

4

質問者の主張にやんわりと 反対する答弁 〈安全・安心パトロール事業〉

◉ポイントフレーズ

ご意見として承らせていただきます。

◉議員からの質問例

安全・安心パトロール事業として様々な事業を行っているが、今後は徒歩によるパトロールも必要と思うが、市の認識は。

答弁組み立ての「型」

❶ 質問を確認する

端的に「安全・安心パトロール事業」について答えることを告げます。

▼

❷ 経過を説明する

これまでの取組みの経過について説明します。

▼

❸ 結論を述べる

「意見として承る」ことを述べます。

▼

❹ 決意表明を述べる

安全・安心のまちづくりに取り組むことを表明します。

答弁原稿例

安全・安心パトロール事業についてです。

本市では、安全・安心を守る取組みとして、路上喫煙防止、落書き対策、小学校における防犯マップの作成など、様々な取組みを行ってまいりました。

昨年度からは、**青色防犯灯つきパトロール車**[1]による市内全域のパトロールを開始したところであります。事業の実施にあたりましては、最新の犯罪情勢を把握するため、警察署と連携を図っております。また、各種迷惑行為等についても、警察との連携はもとより、市民の皆様から寄せられた情報を庁内で横断した連携により集約し把握した上で、対応しているところであります。

しかしながら、最近では、路上飲酒や飲酒後のごみの放置、騒音などによって、市民の快適な生活が脅かされるなど、新たな課題が生じていることも事実であります。

このため、徒歩によるパトロールを実施すべきではないかとのご指摘ではありますが、現在は、**町会・自治会などによる見回り活動**[2]などもあることから、現段階では、**ご意見として承らせていただきます。**

まずは、現在実施している各種事業を推進するとともに、効果などを見極めていく必要があると考えております。[3] 今後も安全・安心のまちづくりに向けて、取り組んでまいります。

CHECK !

1　通称「青パト」。青色回転灯を装備する自動車を使用して、青色回転灯を点灯させて防犯パトロールを行います。

　一般的に、青色回転灯等を自動車に装着して運行することは道路運送車両法違反で禁止されています。しかし、警察に申請し、自主防犯パトロールを適正に行うことができると認定を受けた団体は、青色回転灯等の装着が可能となります。

2　見回り活動の形態は、様々です。また、町会・自治会だけでなく、PTAによる児童通学時の見回り活動などもあります。

3　議員の主張に対してやんわりと反対する場合、このような「現在の事業効果を見極める」という表現はよく用いられます。

ここがポイント！

「ご意見として承る」は、「聞き流す」とも受け取られる可能性もあるので、使用する際には注意が必要です。

質問者の主張に賛否を明示せず、かわす答弁 〈指定管理者選定〉

◉ポイントフレーズ

考え方の1つと認識しております。

◉議員からの質問例

指定管理者の選定にあたり、応募者から提出される「事業計画書」が非公開とされている。公開している自治体もあることから、本市においても公開すべきと考えるが、市の認識は。

答弁組み立ての「型」

❶ 質問を確認する

端的に「指定管理者選定」について答えることを告げます。

▼

❷ 経過を説明する

現状の取扱いについて説明します。

▼

❸ 結論を述べる

質問者の主張は「考え方の1つ」であるとの結論を述べます。

▼

❹ 理由を述べる

結論の理由と同時に、取扱いを変更しない旨も述べます。

答弁原稿例

 <u>情報公開の推進について</u>[1]のご質問にお答えします。指定管理者の選定にあたり、応募者から提出される事業計画書を公開すべきではとのお尋ねであります。

 現在、指定管理者の情報公開については、事業者のノウハウやプライバシーなど、情報公開条例上非開示が望ましいと考えられるものを除き、基本的に情報提供を推進しております。また、指定管理者には、指定議決後に、市のホームページで、施設ごとに事業者の名称、選定経過、選定基準及び選定理由を中心に情報提供に努めているところであります。

 一部の自治体におきましては、事業計画書など広範囲にわたり情報提供を行っていることは承知しており、また議員のご指摘もありましたが、そうした取扱いも**考え方の１つと認識しております。**

 しかしながら、本市におきましては情報公開条例に規定する「競争上の地位を害するおそれがある」ことから、ノウハウが蓄積されている事業計画書等については、公開を控えております。

 指定管理者の情報公開については、現行の情報公開条例と情報提供の運用により対応が図られているものと考えており、現段階で、取扱いを変更する予定はございませんが、情報公開推進の観点から、他の自治体の動向も注視しながら、**情報公開のあり方について、さらに検討してまいります。**[2]

CHECK！

1　質問の通告の件名は「情報公開の推進について」であっても、実際の質問の内容は、「議員からの質問例」に記載の内容であることも、当然あります。

　こうした場合、答弁では、①通告の件名、②実際の質問の内容、の順に述べることがあります。どちらかが抜けても、答弁全体として違和感が残ってしまうので、注意が必要です。

2　「検討する」としていますが、質問者の主張を検討するのでなく、一般論として「情報公開のあり方を検討する」として、焦点をぼやかしています。

ここがポイント！

否定すると、取扱いの変更など後で困る事態が生じる場合もあるため、かわすのが無難な場合もあります。

141

「答えにくい
再質問をされたとき」
の答弁書

しつこい追及を
かわす答弁 〈ケースワーカーの配置〉

◉ポイントフレーズ

繰り返しの答弁になって恐縮ですが

◉議員からの質問例

社会福祉法は、生活保護世帯80に対してケースワーカー1人の配置を標準数として定めているが、本市では5年以上にわたり、それを大幅に超えている。これまでも改善を求めてきたが、市の認識は。

答弁組み立ての「型」

❶ 質問を確認する

端的に「ケースワーカーの配置」について答えることを告げます。

▼

❷ 経過を説明する

生活保護受給世帯数やケースワーカー数の推移を説明します。

▼

❸ 結論を述べる

現段階では増員の予定のないことを述べます。

▼

❹ 決意表明を述べる

体制の充実に努めることを表明します。

答弁原稿例

ケースワーカー[1]の配置に関するご質問についてお答えします。

本市における生活保護受給世帯数は、2021年3月末で2,905世帯でありましたが、新型コロナウイルス感染症の影響に伴う景気の低迷や、さらなる高齢化の進展により、翌2022年3月末には2,985世帯、直近の2022年12月末には3,012世帯と、増加傾向が続いております。

ケースワーカーにつきましては、2021年度に3名増員するとともに、専門職員としての<u>就労支援員</u>[2]や<u>生活自立支援員</u>[3]も併せて増員することにより、ケースワーカーの事務的、精神的負担の軽減を図るべく支援体制を整備してきたところです。さらに、この4月からは2名のケースワーカーを増員して、体制の強化を図ったところであります。

この結果、現在では、ケースワーカー1人当たりの担当件数は100世帯を下回る状態となっております。ケースワーカーをさらに増員すべきとのご指摘につきましては、<u>繰り返しの答弁になって恐縮ですが、全庁的な人員配置の中で検討すべきものと考えており、</u>[4] 現段階では増員をする考えはございません。

今後とも、市民生活を守るという市の役割を認識しつつ、効率的かつ効果的な事務執行を確保するよう、より一層の体制の充実に努めてまいります。

1 福祉事務所に配置される現業員のこと（社会福祉法15条1項）。病気や高齢、貧困で生活に困っている人々に対し、必要な支援を行います。

2 福祉事務所などで生活保護受給者等の就労をサポートする職員。ハローワークへの同行などを行います。

3 市民の住まいや就労、家計のやりくり等に関する悩みに対応する職員。

4 ケースワーカーの配置という特定部署の人員配置の問題を、全庁的な問題の1つとして答弁しています。このように、個別具体的な課題であっても、それを全体の課題として答弁することはよくあります。答弁作成者としては、知っておきたいことの1つです。

ここがポイント！

質問議員もまた、繰り返しの答弁になることをあらかじめ認識している場合も少なくありません。

第8章　「答えにくい再質問をされたとき」の答弁書

進捗状況を問われたときの答弁 〈基本構想の策定〉

現在も引き続き検討を重ねており、○○や△△などの課題の整理を行っているところであります。

現在の基本構想を策定してから20年が経過した。市長は、以前に新たな基本構想の策定について「検討する」と答弁したが、現在の進捗状況はどのようになっているのか。

答弁組み立ての「型」

❶ 質問を確認する

端的に「新たな基本構想の策定」について答えることを告げます。

▼

❷ 結論を述べる

引き続き検討している旨を述べます。

▼

❸ 課題を説明する

基本構想策定に関する課題について説明します。

▼

❹ 決意表明を述べる

引き続き基本構想策定に向けて取り組んでいくことを表明します。

答弁原稿例

　新たな基本構想の策定に関するご質問についてお答えいたします。

　人口減少、少子高齢化のさらなる進行やデジタル技術の急速な進展など、市政を取り巻く環境が大きな変革期を迎える中で、策定から20年が経過した現基本構想を見直す必要が生じています。

　このため、前定例会におきまして、検討する旨を答弁しましたが、**現在も引き続き検討を重ねており、計画体系や市民参加の手法などの課題の整理を行っているところであります。**

　具体的には、<u>総合計画</u>[1]については、基本構想・長期基本計画・実施計画の３層体系となっておりますが、**現在では２層構造としている自治体も多くなっております。**[2] また、計画期間も、昨今、社会変革のスピードが速まっていることや首長の任期との関係から、検討する必要があるものと考えており、課題の整理を行っているところであります。

　地方自治法上の策定義務はなくなりましたが、基本構想は、市民と市が共有するまちづくりの基本理念や、目指すべき将来の姿を描く市民共通の目標であるとともに、自治体運営の最も基本となる指針となります。

　このため、本市らしさを次世代に継承し、持続可能なまちづくりを進めていくため、新たな基本構想の策定に向けて取り組んでまいります。

1　総合計画は、概ね基本構想、基本計画・実施計画の３層となっています。

　基本構想が概ね10年から20年先にわたって実現すべきビジョンや政策大綱で構成され、基本計画は５〜10年を実現目標の期間として、基本構想を実現するための基本的な政策となっています。

　実施計画は３〜５年にわたって実施されるべき政策が明示されています。実施計画では、ローリングシステムが採用されることも多く、毎年、実施状況や予算等を勘案し計画内容を変更していきます。基本構想の策定は義務でしたが、2011年の地方自治法改正に伴い撤廃されました。

2　実際に２層にすることが決まっていなくても、このように他自治体の例を紹介することはあります。

ここがポイント！

進捗状況を問われた場合、「検討中」では済まされないので、具体的課題などを示します。

意思決定の整合性を問われたときの答弁 〈財政調整基金の活用〉

◉ポイントフレーズ

これまでも適時適切に判断してまいりましたが

◉議員からの質問例

補正予算案において、財政調整交付金から 3 億円を取り崩すこととしている。これまでの市の「景気の良いときには基金に積み立てを行う」としてきた答弁と矛盾すると考えるが、市の認識は。

答弁組み立ての「型」

❶ 質問を確認する

端的に「財政調整基金の活用」について答えることを告げます。

▼

❷ 認識を表明する

財政調整基金に関する認識を述べます。

▼

❸ 経過を説明する

これまでの財政調整基金の活用などの経過について説明します。

▼

❹ 結論を述べる

「適時適切に判断してきた」ことを述べます。

答弁原稿例

<u>財政調整基金</u>[1]の活用に関するご質問についてお答えいたします。

ご案内のとおり、財政調整基金につきましては、自治体における年度間の財源の不均衡を調整するための積立金であり、財源に余裕のある年度に積み立てを行い、大規模災害の発生や大幅な税収減などがある年度には取り崩しを行っております。

最近では、新型コロナウイルス感染症の流行直後に、財政調整基金から10億円を取り崩して、税収減への対応として活用したところであります。しかしながら、その後、徐々に景気が回復基調にあることから、ここ数年は、決算剰余金などを積み立てているところであります。

本市の歳入環境は、景気の動向に左右されやすい不安定な構造にございます。[2] また、歳出につきましても、新型コロナウイルス感染症のような非常事態や、今回の予算案にあります施設の改修への対応が、急遽求められることもございます。

このため、基金の活用につきましては、**これまでも適時適切に判断してまいりましたが、**今後もこうした、様々な要因を考慮しつつ、安定した住民サービスが提供できるように、財政運営を行ってまいります。従いまして、市といたしましては、基金の活用に関する考え方を変更したという認識はございません。

CHECK！

1　自治体では財政調整基金を設置し、財源が不足する際には基金を取り崩して活用し、財源に余裕のあるときは積み立てを行います。

地方財政法では、当該年度に余裕財源があるときには積み立てや、地方債の繰上償還の財源にあてることを義務付けています（4条の3・1項）。また、決算上剰余金が生じた場合には、翌々年度までに2分の1をくだらない金額は、積み立てまたは地方債の繰上償還の財源にあてなければならないとされています（7条1項）。

2　この文言は、自治体財政を説明する際の定番のフレーズです。

ここがポイント！

整合性を問われた場合には、一括して「適時適切」と答えることで、再質問を防ぐことにつながります。

4 細かい数字を基に粗探しされたときの答弁 〈学校選択制度〉

●ポイントフレーズ

適切に対応しているものと認識しております。

●議員からの質問例

今年4月の○○中学校では、学校選択制度を利用した通学区域以外からの入学者はわずか2名だけだった。昨年、市では、5～10名の受入枠があると発表していた。市の周知は誤りだったのではないか。

答弁組み立ての「型」

❶ 質問を確認する

端的に「学校選択制度」について答えることを告げます。

▼

❷ 経過を説明する

学校選択制度の一連の流れについて説明します。

▼

❸ 理由を説明する

質問の内容が発生する理由について説明します。

▼

❹ 結論を述べる

適切に対応している旨を述べます。

答弁原稿例

学校選択制度[1]に関するご質問についてお答えいたします。

本市では、例年9月、学校選択制度を利用して通学区域外から入学することのできる受入人数を公表しております。この受入人数につきましては、学校の教室数、通学区域内入学予定者数などを踏まえて算出しており、翌年度に入学予定の児童生徒や保護者が学校を選択する際の参考にしていただいております。

しかしながら、この人数につきましては、あくまで目安であり、そのことは公表時に併せてはっきりと明記しております。目安となってしまう理由につきましては、いくつかの要因がございます。

具体的には、私立学校への入学を予定していたものの、不合格などの理由で指定校へ入学することになったことや、通学区域内に新たな転入者がいるなど、当初の予定よりも指定校への入学者が増えることが主な要因となっております。

ご指摘の○○中学校につきましても、そうした理由によりまして、当初の受入枠の人数よりも、実際の人数が少なくなったという実態がございます。なお、こうしたケースは、例年発生しております。しかしながら、先に申し上げましたように、受入人数はあくまで目安であることを周知徹底しており、本市といたしましては適切に対応しているものと認識しております。

CHECK !

1　教育委員会は、その管内に小学校または中学校を2校以上設置している場合、就学予定者が就学すべき小学校または中学校を指定することとされています。

その際、あらかじめ、各学校に通学区域を設定し、これに基づいて就学すべき学校が指定されることが一般的ですが、学校選択制は、就学校を指定する際に、あらかじめ保護者の意見を聴取して指定を行うものとされています。

学校選択制には、自由選択制、ブロック選択制、隣接区域選択制など、いくつかの種類があります。

ここがポイント！

細かい数字を挙げて説明するのでなく、このフレーズで乗り切るのも1つの手段です。

はやわかり答弁フレーズ集

Ⅰ 質問に対して意思・態度・結論を示す用語

1 「検討してまいります」(P.98参照)

　基本的に賛成、もしくは少しでも実施する可能性のある際に使用。「検討する」と答弁した場合、後日「検討状況は？」と質問される可能性がある。

2 「実施に向けて検討してまいります」(P.96参照)

　一般的な「検討します」よりも、前向きなことを示す際に使用する。「実施する」ことが前提なので、この答弁をした場合、後になって「実施しません」とは、基本的には言えない。

3 「全力で取り組んでまいります」(P.94参照)

　①事業提案などに対して、最も前向きな姿勢を示す際に使用。

　②職員の不祥事などがあった際の再発防止を誓う際に使用することもある。

　③質問への賛否とは関係なく、行政の取組みをアピールする際にも使用。

4 「研究します」「研究課題の１つ」(P.106参照)

　事業提案にやんわりと反対する、もしくは現段階では検討の対象にならない場合に使用。

5 「解決すべき課題があります」(P.100参照)

　事業提案などの質問に対して、先送り、もしくは実施する意思があ

まりない場合に使用。「他の○○などへの影響なども考慮する必要があります」と同義。

6 「他自治体の動向を注視してまいります」（P.102参照）
①事業提案などの質問に対して、先送りもしくは実施する意思があまりない場合に使用。
②行政課題には間違いないが、事業化などは時期尚早である場合に使用。
③「○○市で実施している△△事業を、本市でも行うべき」のような質問に対し、「しばらくは様子見」という場合に使用。

7 「実施する考えはありません」（P.104参照）
事業提案などに対して、実施の可能性が全くない場合に使用。野党議員に対して、反対の意思を明確に表示したい場合に使用することが多い。

8 「重大（重要）な課題であると認識しております」（P.110、114、116参照）
行政として関心があることを最も強く示す用語。後日、事業化などの検討を行うことが求められる。

9 「今後の対応について検討してまいります」（P.124参照）
行政の認識を問われたとき、前向きに検討することを示す場合に使用する。

10 「事業化に向けて取り組んでまいります」（P.122参照）
行政の認識を問われたとき、将来の事業化にまで踏み込んで言及する場合に使用する。

11 「他の○○などへの影響も考慮する必要があります」（P.112参照）
質問者の主張に対して、行政として一定の認識はあるものの、主張以外の内容も考慮すべきことが存在することを示す場合に使用。「解

決すべき課題があります」と同義。

12 「他に優先すべき課題があると認識しております」（P.120参照）
　質問者の認識をやんわりと否定する場合に使用する。今のところ、行政としては対応する予定がないことを示す。

13 「そのような認識はございません」（P.118参照）
　①質問者の主張をきっぱりと否定する際に使用。
　②行政の不作為・ミスなどを指摘された際に、強く否定する場合に使用。
　③野党議員の主張に対して、反対の意思を明確に表示したい場合に使用することが多い。
　④「ご指摘はあたらないものと認識しております」と同義。

14 「出馬する決意をいたしました」（P.126参照）
　選挙に立候補することを宣言する場合に使用。

15 「熟慮に熟慮を重ねた結果、出馬しないことといたしました」（P.128参照）
　選挙に立候補しないことを宣言する場合に使用。

16 「ご指摘のとおりであります」（P.132参照）
　議員の持論・主張にハッキリと賛成を示す場合に使用する。なお、必ずしも質問の主旨に対するものでなくても、質問の中で議員が指摘した内容などにも使用することもある。

17 「課題の１つと認識しております」（P.134参照）
　議員の持論・主張に消極的に賛成する場合に使用する。

18 「考え方の１つと認識しております」（P.140参照）
　質問者の主張に賛否を明示せず、かわす場合に使用する。

19 「ご意見として承らせていただきます」（P.138参照）

質問者の主張にやんわりと反対する場合に使用する。

20 「ご指摘はあたらないものと認識しております」（P.136参照）

①質問者の主張をきっぱりと否定する際に使用。

②行政の不作為・ミスなどを指摘された際に、強く否定する場合に使用。

③野党議員の主張に対して、反対の意思を明確に表示したい場合に使用することが多い。

④「そのような認識はございません」と同義。

21 「繰り返しの答弁になって恐縮ですが」（P.144参照）

何度も同じ質問をされた際、答弁も以前と同様である場合に使用。

22 「引き続き検討を重ねております」（P.146参照）

以前に「検討する」と答弁し、その後の進捗状況を問われた際に使用する。実際にはまだ十分に検討していない場合に用いられることが多い。

23 「課題の整理を行っているところであります」（P.146参照）

以前に「検討する」と答弁し、その後の進捗状況を問われた際に使用する。少しは検討しているのであれば、「○○や△△などの課題」と具体的な内容を挙げることが多い。

24 「これまでも適時適切に判断をしてまいりました」（P.148参照）

意思決定や時系列の整合性を問われた際に使用する。

25 「適切に対応しているものと認識しております」（P.150参照）

細かい数字を基に粗探しをされた際に使用する。

II 覚えておくと便利な用語

1 「総合的に判断した結果」「諸般の事情を考慮」
　様々な要因を考慮したことを示す場合に使用。

2 「喫緊の課題」
　重要課題であることを示す場合に使用。

3 「議員ご指摘のとおり」（P.125参照）
　議員の主張などに同意することを示す場合に使用。

4 「一方で」（P.107参照）
　1つの主張や課題だけでなく、その反対、もしくはそれ以外の主張や課題を取り上げることにより、全体のバランスを図る場合に使用。「しかしながら」も同様。

5 「急務と考えております」「待ったなしの状態」（P.95、P.97参照）
　切迫感を示す際に使用。同様の表現として「可及的速やかに」もある。

6 「いずれにいたしましても」（P.97参照）
　最後の結論を述べる際に使用。

7 「引き続き〇〇を推進してまいります」（P.105参照）
　行政として対応していることを示す際に使用。質問者の提案や主張に完全に一致しなくても、広く行政課題として認識して取り組んでいることを示す。「さらなる〇〇に向けて取り組んでまいります」と使用することもある。

8 「〇〇はもちろんのこと、あらゆる△△について××してまいります」（P.111参照）

ありとあらゆる方策、様々な可能性などを探る際に使用。

9　「○○とも連携を図り」（P.117参照）
他の機関、事業者などとの協働をアピールする際に使用。

10　「○○とのお声もいただいております」（P.125参照）
住民の意見などを取り上げる際に使用。

11　「時宜を得た」
タイミングが良いことを示す際に使用。

12　「機会を逸することなく」
タイミングを逃さないことを示す際に使用。

13　「一定の効果があったものと認識しております」（P.125参照）
これまでの行政の取組みをアピールする際に使用。

14　「議会のご協力を得ながら」「議会と共に」（P.113参照）
議会との協調をアピールする際に使用。

15　「歳入環境は、景気の動向に左右されやすい不安定な構造」（P.149参照）
財政構造の脆弱さを説明する際に使用。

16　「費用対効果」（P.103参照）
財源と配分するほどのメリットがあるのかの検証が必要な時に使用。

●著者紹介

森下 寿（もりした・ひさし／筆名）

基礎自治体の管理職。

これまで企画、人事、財政といった内部管理部門から、保育、防災など
の事業部門まで幅広い部署を経験。議会事務局職員の経験もあり、管理
職としても10年以上に渡り、本会議・委員会で議会答弁を行ってきたベ
テラン職員。

著書に『どんな場面も切り抜ける！公務員の議会答弁術』『公務員の議
会答弁言いかえフレーズ』（ともに学陽書房）がある。

どんな質問にも即対応！
議会答弁書をすばやく書く技術

2023年10月25日　初版発行

著　者	森下　寿
発行者	佐久間重嘉
発行所	学 陽 書 房

〒102-0072　東京都千代田区飯田橋1-9-3
営業部／電話　03-3261-1111　FAX　03-5211-3300
編集部／電話　03-3261-1112
http://www.gakuyo.co.jp/

ブックデザイン／佐藤 博　DTP製作・印刷／精文堂印刷
製本／東京美術紙工

公務員の文章力が
確実にアップする2冊

住民・上司・議会に響く！

公務員の心をつかむ文章講座

どんな部署でも必ず役立つ、相手を"動かす"文章のコツ！　広報紙・HP等に載せる住民向けのメッセージから、新規事業を企画立案する際の起案文、さらには議会答弁書まで、読み手の心をつかむための文章術をわかりやすく解説。行動経済学を取り入れた文章の書き方が身につく！

工藤勝己［著］
四六判並製／定価＝1,980円（10%税込）

一発OK！誰もが納得！

公務員の伝わる文章教室

現役管理職が教える一生モノの"書く"スキル！国・自治体でやり取りされる文書のリアルな例文を紹介しながら、問題点を指摘し、わかりやすく解説。文章力を高めたい若手から、昇任を目指す中堅、部下を指導する係長・課長まで世代・役職を超えて役立つ！

工藤勝己［著］
四六判並製／定価＝1,980円（10%税込）

悩める管理職に贈る
議会対応のノウハウ！

公務員の
議会答弁言いかえフレーズ

その場面、こう伝えればうまくいく！　公務員に向けて、本会議・委員会での答弁はもちろん、質問に伴う議員への取材、議員個人からの日常的な対応などの場面で、本音をうまく言いかえる具体的なフレーズを紹介。議会答弁・議員対応に不安を抱える管理職、必読の一冊！

森下 寿 ［著］
A5判並製／定価＝2,420円（10%税込）

どんな場面も切り抜ける！

公務員の議会答弁術

焦らず慌てず、そつなく答弁をこなすためのノウハウがわかる！　はじめての答弁で不安だ、いつも議会の時期には憂鬱……。そんな悩める管理職に向けて、答弁の組み立てから頻出の質問や困った場面への対応、さらには答弁におけるOKフレーズ・NGフレーズなどを紹介！

森下 寿 ［著］
A5判並製／定価＝2,420円（10%税込）